意林作文素材

12周年精选
热考素材实战案例精编②

《意林·作文素材》编辑部◇编

吉林摄影出版社
·长春·

意林作文家族

图书在版编目（CIP）数据

意林作文素材12周年精选：热考素材实战案例精编. ②/《意林·作文素材》编辑部编. -- 长春：吉林摄影出版社，2023.3
ISBN 978-7-5498-5771-5

Ⅰ. ①意… Ⅱ. ①意… Ⅲ. ①作文课－中学－教学参考资料 Ⅳ. ①G634.343

中国国家版本馆CIP数据核字（2023）第052055号

意林作文素材12周年精选（热考素材实战案例精编②）
YILIN ZUOWEN SUCAI 12 ZHOUNIAN JINGXUAN (REKAO SUCAI SHIZHAN ANLI JINGBIAN ②)

出 版 人	车　强
主　　编	杜普洲
责任编辑	王维夏
丛书策划	王立莉
图书策划	崔　龙
执行编辑	崔　龙　常莹莹　王慧萌　艾秀杰　刘红　朱晨阳　蒋燕　陈凯茜　薛勃勃　董金雨
封面设计	马骁尧
美术编辑	郭　宁
发行总监	王俊杰
开　　本	787mm×1092mm 1/16
字　　数	300千字
印　　张	10
版　　次	2023年7月第1版
印　　次	2023年7月第1次印刷

出　　版	吉林摄影出版社
发　　行	吉林摄影出版社
地　　址	长春市净月高新技术开发区福祉大路5788号
	邮编：130118
电　　话	总编办：0431-81629821
	发行科：0431-81629829
网　　址	www.jlsycbs.net
经　　销	全国各地新华书店
印　　刷	昌黎县佳印印刷有限责任公司

书　　号	ISBN 978-7-5498-5771-5	定　价	29.00元

启　事

本书编选时参阅了部分报刊和著作，我们未能与部分作品的文字作者、漫画作者以及插画作者取得联系，在此深表歉意。请各位作者见到本书后及时与我们联系，以便按国家相关规定支付稿酬及赠送样书。

地址：北京市朝阳区南磨房路37号华腾北搪商务大厦1501室《意林·作文素材》编辑部（100022）
电话：010-51900054

版权所有　翻印必究
（如发现印装质量问题，请与承印厂联系退换）

目　录
CONTENTS

"意林体"金素材
余华、曾颖、余秋雨等热考作家纳米级备考素材

励志

中高考金牌素材
002　努力是面对不公平的最好回报　|　毕淑敏

中高考"黑马"素材
003　因为每场比赛我都想赢　|　武大靖
004　"水果猎人"杨晓洋：做植物和大众的搭桥人　|　刘如楠
006　21岁C位"上天"，这个登上《新闻联播》的小姐姐太飒了　|　王耳朵先生

感动

中高考金牌素材
007　奶奶的朋友圈：家庭微信群　|　莫小米
008　老爸的火炉，让我想念北京的冬天　|　冯　唐

中高考"黑马"素材
009　失去双腿20年，UP主帮我再次跑了起来　|　豪　豪
010　有些人会一直住在一个词语里　|　喇嘛哥

成长

中高考金牌素材
012　善良、快乐、健康比成绩优秀更重要　|　余秋雨

中高考"黑马"素材
014　成绩最差的学习委员　|　曾　颖
017　"别人家的孩子"也有你不知道的忧伤　|　郝景芳
018　想当女王的童年　|　一　隅

品德

中高考金牌素材
019　有一种幸福，叫身边没有讨厌的人　｜　李月亮
020　什么时候最想回家探望父母　｜　张小娴

中高考"黑马"素材
021　名誉高处　｜　余秋雨
022　自由，就是被人讨厌　｜　陈思呈

中高考金牌素材
023　接纳万物，人生无处不风景　｜　尤　今
024　让野生动物野　｜　张晓风

中高考"黑马"素材
025　你的生活，没有那么多的观众　｜　大　倪
026　人类永远需要童话　｜　莫　言
028　看了很多书，为何依然没有洞见　｜　李　靖
030　大二男生从上海坐公交到北京：在最有"人味"的
　　　地方克服物化　｜　口述／唐同学　撰文／罗晓兰
032　联合国的中国女孩：幸好，我没有错过非洲
　　　｜　陈　皓
034　"90后"庄妃：青春遇见戏，传统"活"起来
　　　｜　蒋肖斌　林　沐

智慧

国潮

中高考金牌素材
036　唐朝人真不能随意宰牛吃肉吗　｜　邱俊霖
038　我们有汉字，所以我们幸运　｜　林少华

中高考"黑马"素材
039　宋朝"艺考"，要惟妙惟肖还要不落俗套　｜　袁　凤
040　30岁前的孔子在干些什么　｜　吴　鹏
042　鹦鹉：汉朝皇帝养不起的鸟　｜　安迪斯晨风

中高考金牌素材

043　余华：带着问题去学写作　|　余　华

中高考"黑马"素材

044　老舍：我怎样写小说　|　老　舍
046　曹文轩：作文写不好是因为没生活？错　|　曹文轩
047　"中国版东野圭吾"紫金陈：写小说是有技巧的
　　　|　紫金陈

中高考金牌素材

048　重读《红楼梦》，我发现了贾政的良苦用心　|　张宗子

中高考"黑马"素材

050　余秋雨：阅读的最大理由是摆脱平庸　|　余秋雨
052　我小时候都读什么书　|　莫　言

054　名著的颜色　|　六神磊磊
055　古代也有教辅？看看科举考试教辅哪家强　|　艾公子
056　难兄难弟、大放厥词、愚不可及……原本都是在夸你
　　　|　首都教育
058　向《红楼梦》学习如何写信　|　沈嘉柯

061　用这些名言写家国情怀，大气磅礴，阅卷老师都为你
　　　点赞　|　编辑部汇编
062　写题记超好用的极美古诗词，让你的作文高级上档次
　　　|　编辑部汇编
063　假如考场遇到"乡愁"，这些诗句能让你脱颖而出
　　　|　弯　弯
066　微写作　|　编辑部汇编

考场命题材料库

中高考热考命题临场惊喜级备考素材

简书

中高考金牌素材

068 像村上春树一样过想要的生活 | 特立独行的猫

068 生命美丽，世界才美丽 | 顾　城

070 让孩子成为最好的自己 | 云谷学校

070 别找了，幸福藏在你的心里 | 李作昕

071 高效的学习方式是什么样 | 罗振宇

中高考"黑马"素材

072 后顾之忧 | 余秋雨

072 选　择 | 黄小平

073 喝完第一百服中药，感觉一切都能咽下了 | 周秀凤

074 触类旁通 | 冯骥才

074 成为新的自己 | ［日］村上春树　译／林少华

高能金时评

社会热点入文即提分级备考时评素材

076 淄博烧烤"出圈"的"终极秘籍" | 宋　强

077 会写论文的ChatGPT被大学封杀，给教育界带来什么警示 | 赵琬微

078 这届大学生该不该管父母要钱，买最新款iPad学习 | 贾小凡

080 短视频里的小帅和小美，会不会把电影玩坏了 | 孟繁哲

081 怎么看待网络文学用户超5亿 | 樊　成

082 向热爱致敬，为奥林匹克精神喝彩 | 沈妍圻

083 《人民日报》：热搜里的录取通知书，治愈了谁 | 党报评论君

084 亮明 IP 属地，揭穿各路"戏精"装神弄鬼 ｜ 夏　天
085 "网红"店，成也流量，败也流量 ｜ 沈　彬
086 "天宫课堂"，"宇宙级"的知识浪漫带来了什么 ｜ 余建斌
088 "雪糕刺客" VS "雪糕护卫"，你需要怎样的"雪糕自由"
　　 ｜ 党报评论君
089 别让高校专业"鄙视链"忽悠了学生 ｜ 常　菲
090 "巅峰使命"诠释人类传奇 ｜ 李国力
091 劳动课归来，不只意味着孩子会做番茄炒蛋 ｜ 崔　妍
092 《人民日报》：网络空间容不得掺假和注水 ｜ 乙　智
093 近 50 岁去读研的女性，"活出了自己" ｜ 任冠青
094 "熊孩子"这件小事为何越闹越大 ｜ 梁　勤
095 背《滕王阁序》免门票，这样的景区不妨再多些 ｜ 黄　帅
096 从专科到斯坦福——勇敢的人生拒绝定义 ｜ 王石川
098 简历刷屏上热搜，南开教授胡金牛"牛"在哪里 ｜ 秋　晗

思辨金观点

中高考热点观点临场不慌级备考素材

100 越美价格越高？拍证件照不能舍本逐末
101 "浪费教育资源"？52 岁退休大叔高校报到
102 标点符号，该不该"斤斤计较"
102 65 岁扫地阿姨当上大学老师，不失为教育探索和创新尝试
103 高考志愿填报，不能迷信"AI 一键生成"
104 年轻人为何追捧老年版 App
104 退休教授赵德馨维权：知识必须得到尊重，知网知否

105 大学开设"理解死亡"课程，很有必要还是为时过早
106 李白是刺客？游戏中的同名历史人物魔改之议
108 "'00 后'立遗嘱"上热搜，你怎么看
110 每年被取消学籍的同学 90% 因为游戏？你怎么看

高分经验

高分方法手把手指导级备考素材

学霸经验

112　清华学长朱子豪：高三不必"与世隔绝"　|　口述/朱子豪　整理/徐　徐
115　人大学长：从全校300名"后发制人"逆袭成功　|　水木真一

实用提分技巧

118　铸词炼句，以文采决胜考场作文
　　　——失误作文《假如我是剑》升格示范　|　江　煜
122　提升语言美感，让你的作文从头"靓"到脚　|　杨美宇
125　特级教师教你六招，创新使用材料为议论文加分　|　焦文林

高考榜样范文

"击中"高考作文题金范文
128　立足人才强国，共铸千秋伟业　|　钱　淦
130　"云+"便天下　|　张钰卓

高考备考"黑马"范文
131　以诗词，盈精神　|　易小月
132　穿越古今，传承文化　|　明　海
134　唯物常绿，大国永兴　|　洪丽艳
135　斟一盏醇酒赠华夏　|　张雅馨
136　突破自我，永不止步　|　赵彦秋
138　容错与要求齐飞，青春共成功一色　|　崔宸奥
139　扶　|　王凤晨
140　源　|　李炫苇

中考榜样范文

"击中"中考作文题金范文
141　阅读，让我长大　|　顾盛威
142　云读书铸就更好的生活　|　崔铭宇

中考备考"黑马"范文
143　春天的色彩　|　尚荷怡筠
144　一路精彩　|　杨韵巧
145　懂　得　|　冀智欣
146　尽在不言中　|　张瑜涵
147　生如蚁，美如神　|　刘宇航
148　送给星辰的悄悄话　|　张钧博

中考热考主题
考前热背标杆文检索

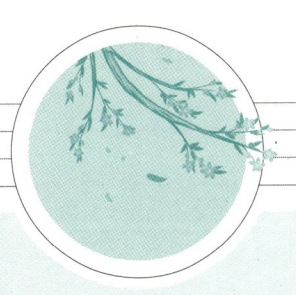

阅读与思考
141　阅读，让我长大 ｜ 顾盛威

科技与展望
142　云读书铸就更好的生活 ｜ 崔铭宇

自然启示
143　春天的色彩 ｜ 尚荷怡筠

家国情怀
144　一路精彩 ｜ 杨韵巧

生活感悟
145　懂得 ｜ 冀智欣
147　生如蚁，美如神 ｜ 刘宇航

青春与成长
146　尽在不言中 ｜ 张瑜涵

梦想与希望
148　送给星辰的悄悄话 ｜ 张钧博

高考热考主题
考前热背标杆文检索

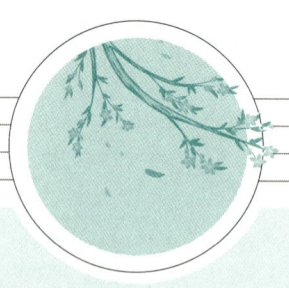

家国情怀
128 立足人才强国，共铸千秋伟业 | 钱　淦
135 斟一盏醇酒赠华夏 | 张雅馨

科技与希望
130 "云+"便天下 | 张钰卓

文化阅读
131 以诗词，盈精神 | 易小月

历史传承
132 穿越古今，传承文化 | 明　海
140 源 | 李炫苇

环境保护
134 唯物常绿，大国永兴 | 洪丽艳

自我突破
136 突破自我，永不止步 | 赵彦秋

成长与奋斗
138 容错与要求齐飞，青春共成功一色 | 崔宸奥

故乡情思
139 扶 | 王凤晨

「意林体」金素材

"YILINTI" JIN SUCAI

意林作文素材 12 周年精选

励志

中高考金牌素材

努力是面对不公平的最好回报

□ 毕淑敏

有一年,我应邀到一所中学演讲,演讲完了,我说,谁有什么问题,可以写个纸条。孩子们掏出纸笔,往手心哈一口热气,纷纷写起来。

我打开一张纸条,上面写着:"我很生气,这个世界是不平等的。我为什么是一个女孩?我爸爸为什么是一个农民,而我同桌的爸爸却是县长?为什么我上学要走那么远的路,我的同桌却坐着小汽车?为什么我只有一支笔,他却有那么大的一个铅笔盒?"

我看着那一排钩子一样的问号,心想这是一个充满愤怒的女孩。我大声地把她写的条子念了出来。那一瞬,操场上很静很静。

据说孩子们在妈妈的肚子里,就能体会到母亲的感情。很多女孩子从那个时候,就感受到了这个世界的不平等,因为你不是一个男孩,你不符合大家的期望。这有什么办法吗?没有。起码没有办法改变你的性别。你只能安然接受。

记住,没有什么人承诺和担保你一生下来就享有阳光灿烂的平等。你去看看动物界,就知道平等是多么罕见了。你已经享受了很多人奋斗的成果,你的回报,就是继续努力,而不是抱怨。

呐喊是必须的。就算这一辈子无人听见,回声也将激荡久远。

(选自《意林·作文素材》2013年第12期)

【适用话题】 平等;努力;呐喊;回报

中高考"黑马"素材

励志

因为每场比赛我都想赢

□武大靖

第一次上冰,我就摔倒了107次。当时真不是这块料。

当时佳木斯还没有室内冰场,整个黑龙江唯一一个室内冰场在哈尔滨。李军教练就带着我们去那儿租房子训练,做饭、收拾房间,他一个人全包了。我们业余队训练时间都被安排在下半夜,每天凌晨一两点,教练便来叫我们起床去上冰。大家睡觉不脱衣服,起床就能走。有时训练完,一抬头,发现天亮了。

我从小就好胜,爱"争宠"。我需要家长夸、老师夸的时候,往往被夸的人都不是我。我心里肯定不舒服。我到底哪儿差了?其实自己知道,体能方面真不具备优势。但选择了就要坚持,不一定有优势才会胜利。我要扳回来。

努力没有白费。2010年,我被"破格"招进国家队。但一到训练场上,就发现了"破格"两个字的意义,我真的跟他们差太远太远了。我第一次休假回家,爸妈问我:"明年国家队不会不要你了吧?"我嘴上说"肯定要我",但心里知道,真不一定。

我在国家队的第一年就是给女队陪练。挺不服的,又不得不接受现实:我这水平只能给女孩儿做陪练。

2012年一次国际比赛选拔时,我又落选了。按照队里的仪式,我得去给队员们送行。我站在大巴车旁,跟他们挥手,他们说着"我们会努力的,回来见"。我突然发现,每次外出比赛都没我。凭什么?那一瞬间让我觉得"不公平"。我就像一个"愤青",只知道自己想赢,但不知道怎么去改变。

于是我跟助理教练说:"帮帮我。"我终于"开窍"了。接下来的每一天,我都在回看自己的训练录像,就像找碴似的。白天在训练场看,晚上回房间看。我拿本子记下每个细节。16天后,李琰教练回来:"你小子练了?挺好!"

送行队员,就像是我面对的一堵墙,随之而来的16天,是我从这堵墙上翻过去的过程。一旦翻过去,就会看到一条顺畅的路。

我特别喜欢孙悟空——斗战胜佛。他一路受尽苦难,但每一次都想到办法,成功地把师父救了出来,最后取到真经。我觉得这个精神跟我们差不多。赛场上会遇到很多困难、很多问题,只要一个个去解决、去挑战,就能拿到冠军。所以我把斗战胜佛孙悟空印在了头盔上,代表我们好斗,每次斗都得赢。

(选自《意林·作文素材》2023年第3期)

【适用话题】坚持不懈;百折不挠

"水果猎人"杨晓洋:做植物和大众的搭桥人

□刘如楠

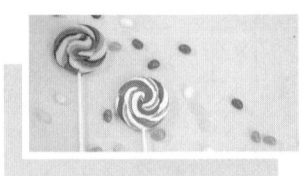

杨晓洋吃过600多种水果,爪哇岛上的"香波果"会让人打嗝出汗都有紫罗兰香味,"非洲竹竿"甜度是蔗糖的3000倍,"神秘果"可以化酸为甜……杨晓洋已三十多岁,儿时的梦想就是吃水果吃到饱。

他被称为"水果猎人",光榴梿就吃过100多种。为了找到更多水果,他按照水果的果期安排日程,不仅深入国内和东南亚各国的集市,还跑到野外,跟叼着烟、敞着胸脯的大叔搭讪。他甚至会站在树下,等着猴子、松鼠扔下啃过的果子——它们熟知哪些水果最成熟美味。在野生水椰子的"老家"婆罗洲基纳巴唐岸河,他看到水椰林随水流漂移,像行走的山脉。在热带雨林中寻找香波罗蜜时,他还惊动过蟒蛇。

不过,吃果子时,无论多可口,他都只吃一点点。

十几年前,杨晓洋去新加坡读大学,一出机场就被美丽的热带植物迷住了。这个出生在中国北方农村的男生,"就像老鼠掉进了米缸"。他开始泡植物园、去野外,为植株和每一个细节拍照,有人说他"着了魔"。

2013年,杨晓洋正忙着生产精密仪器的零部件,新加坡遭遇雾霾,空气污染指数飙升至400。雾霾是印尼"烧芭运动"引起的。为了开垦土地,当地人会焚烧野生植物,等灰烬的肥力发挥殆尽,换个地方接着烧。"太心疼了。"杨晓洋回忆起来感慨道,"这些生命经历了千万年风霜雨雪都顽强活了下来,却因为人类而濒临灭绝,我无法容忍。"

杨晓洋决定辞职,"抢救"植物。

因为熟知东南亚植物,他为中国科学院华南植物园做引种保育,帮助中国自然标本馆丰富植物类群名称,还跟不少高校的植物学教授合作研究课题。他给见到的植物拟定中文名称,按照科属种分门别类整理照片。至今,他已经给一千八百多种东南亚植物拟定了形象易读的中文名,也建立起了自己的"东南亚植物数据库"。

在收入方面,他"只赔不赚",父母经常为此忧心。"我是无业游民,等到维持不下去的时候,就去开淘宝店,卖榴梿攒钱"。

有一次杨晓洋在苏门答腊岛的雨林中考察,突然被什么砸中了头,随后,他在落叶中找到了闪烁着金属光泽的蓝色圆形果子。他切开蓝色的小果子,在淡绿色的果肉下,掩藏着一枚凹凸不平的坚硬果核,剔除果肉后,发现这果核竟是八瓣的"金刚菩提",市场价值可达上千元。那一刻,在他周围,满是掉落的蓝色小果子,母树"圆果杜英"就在他身旁。杨晓洋脑子里闪过"捡几百颗回去"的念头,但这不利于"圆果杜英"播种和生长。最终,他只带走了几颗,用作解剖和留念。

他每次讲完这个故事,听众的脸上都会浮现出惊讶的神情。他很想吸引公众的注意力,让保护植物多样性的意识深入人心。可尽管频繁地做演讲、讲科普课,他却发现,"没有太多人对植物感兴趣,人们觉得植物类型的多少跟自己的生活有什么直接关系呢?做这些事有什么用?"

直到发出的水果照片被网友关注,他终于在植物和大众之间寻找到了媒介——那些不寻常的水果。杨晓洋说自己就像可可果一样,要靠着色泽和香甜来吸引大家的目光,"如果植物和大众之间有道鸿沟的话,我就是那个用水果来'搭桥'的人。"

(选自《意林·作文素材》2019年第1期)

【适用话题】热爱;淡泊名利

21岁C位"上天",这个登上《新闻联播》的小姐姐太飒了

□王耳朵先生

知道徐枫灿这个名字的人,多半始于颜值。2020年9月,《新闻联播》中出现中国陆军首批女飞行员的身影。20岁的浙江金华姑娘徐枫灿,因考核第一,成为陆军首位完成单飞的女飞行员。虽然只是荧幕中的惊鸿一瞥,却让无数人惊叹于她的颜值,为她的巾帼不让须眉欢呼。2021年7月初,她已经开着直升机,以满分成绩,完成了毕业考试。

2017年,正逢中国人民解放军空军航空大学时隔四年的招生。除了过硬的体能,女飞行学员选拔的条件极其苛刻:身高必须在165到185厘米;体重在标准体重的85%~120%;按空军"C"型视力表双眼裸眼视力0.8以上,无色盲、色弱;高考成绩必须高于本省一本分数线。徐枫灿就是在这样的层层筛选中闯出来的。而且这只是一个开始。对这个刚刚成年的花一般的女生的"魔鬼考验"还在后面。

部队的飞行训练,一向奉行"从难从严"。看过《我和我的祖国·护航》的人都知道,成为一名飞行员,基础的考验就是"抗眩晕":"坐在上下左右高速大角度旋转的转椅上,几分钟后转椅停止,此时你可能已经高速旋转了几百圈。然后要迅速起身,并在2秒内精准回到自己原本站立的位置上。"为了通过测试,徐枫灿几乎每天都要经历各种各样天旋地转的"游戏"。

而这些只不过是开胃菜,3000米跑、蛇形跑、曲臂悬垂……都是家常便饭。"女儿很能吃苦,训练时,手上、脚上都是伤,她愣是没吭一声。"家人没有听过徐枫灿叫苦叫累,但是身为母亲,徐妈妈每次见到女儿,都能寻找到新痕旧疤。可这个1999年出生的姑娘,脸上总是露出甜美的笑容,坚定着自己"成为一名女飞行员"的梦想。即使伤痕累累,对她而言也不过是多了一枚又一枚勋章。除了体能训练,对飞行员更大的挑战是理论知识。"都以为飞行就像小鸟飞翔自由自在。实际上,你要熟悉掌握上千个零部件的功能,驾驶时要同时关注几十个数据。"差之毫厘,谬以千里。一个小小的失误,可能就会造成无可挽回的损失。所以,不是"学霸",根本打不开航空学院的大门。

但是,世间哪有那么多天才,不过是翻山越岭往前走。除了训练场,徐枫灿去得最多的地方就是图书馆和阅览室。她的连长曾在央视镜头前评价道:"刚开始练习杆舵结合时,我看到她在找什么东西,不一会儿拿了几根树枝,就开始比画。我觉得这个学员肯吃苦,能钻研,有方法,是个不错的苗子。"因为训练刻苦,学习认真,徐枫灿不仅在首次单飞考核中名列榜首,还连续两年被评为优秀学员、优胜学员。这个世界并不缺少漂亮的脸蛋,让人间光彩夺目的,是一个个熠熠生辉的灵魂。

(选自《意林·作文素材》2021年第17期)

【适用话题】勤奋刻苦;坚韧不拔

中高考金牌素材

奶奶的朋友圈：家庭微信群

□莫小米

爷爷前些年过世了，七十多岁的奶奶独居。她身体很棒，手脚勤快，只是听力渐渐丧失，儿女给她配了助听器，她不愿用，说戴了会听到很多奇奇怪怪的声响，宁愿清净。

大家庭聚会，奶奶先是不响，后发小孩子脾气，说："孙子啥时候从国外回来的？谁都不告诉我……从小是我带大他……都没良心……"说得眼泪汪汪。

抑郁症？阿尔茨海默病？儿女商量，是否要给她看心理医生。

今年春天的一个周末早晨，她趁女儿一家还熟睡着，溜出女儿家，坐早班公交车回自己家，东西一放就上了附近的山，嗓音脆脆地说："嗨，我在城隍山上了，大家早上好！"

她是在家庭的微信群里说的。

女儿惊醒，赶紧回复："妈妈，你来我家住三天，把冬天衣物全部收拾好，为了不让我们开车送你，你一早就走了。母爱真伟大。"北京工作的儿子当即发上："老妈健康，我们的福气！今天杭州空气好不好？"在国外学习的孙子正是晚餐时间："奶奶，鱼香茄子，您教的，看看做得对不对？"

奶奶咯咯地笑个不停，应了这个又应那个。她的声音脆亮，心情也欢快得像孩童。

"姐姐早上好，我在白堤晨跑。"这是奶奶的弟弟。"阿姐，我刚刚买了一只鸡回来。"这是奶奶的妹妹。群里亲戚十七八个，有时七嘴八舌，奶奶也分不清谁是谁，张冠李戴闹笑话，欢乐得不得了。一切变化都来自这个可以对着说话的小机器。短短几个月，奶奶就玩得非常熟稔了。

啥抑郁症？啥阿尔茨海默病？原来只是因为没法沟通，让素来性情开朗、勤快要强的奶奶仿佛掉进了无底黑洞。现在儿孙又环绕在周围，她又可以运筹帷幄了，指点这个提醒那个。

我有幸成为这个群的一员，目睹并感叹奇迹。不是有人哀叹大家庭聚会所有小辈都在刷屏、老人不胜寂寞愤而离席的事吗？看来错的不是机器，是没用对地方。补充一点，这群有个规矩，除了奶奶，所有人不得使用语音功能，奶奶听不见呀。

（选自《意林·作文素材》2015年第11期）

【适用话题】关爱；沟通；孝的真谛

"意林体" 金素材 | 感动

老爸的火炉，让我想念北京的冬天

□冯 唐

我怕冷，大概是源于父亲的遗传。我爸生在印度尼西亚，长到十八岁才回国，十八岁前没穿过长裤，更别说秋裤了。

记忆里北京的冬天漫长而寒冷，唯一的喜庆颜色是"两白一黑"，"一白"是白菜，北京冬天的主菜，通常的习惯是买半屋子，吃整整一个冬天，醋熘、清炒、乱炖、包饺子、包包子、包馅饼，百千万种变化。另"一白"是白薯，北京冬天唯一的甜点，买两麻袋，吃整整一冬天。"一黑"是蜂窝煤，堆在门前院后，那时候没有集中供暖，整整一冬天的取暖就靠它了。

伺候火炉是个有一定技术含量的活儿。炉子安放在屋子一角，烟囱探出屋外。为了伺候火炉，老爸自制了很多工具，夹煤的、捅煤的、掏灰的、钩火炉盖儿的，其中捅煤的钎子常常被我们拿去滑冰车用，总丢，老爸总是多做几个备用。最考验技术的是临睡前封炉子，留多大进气口是门手艺，留大了，封的煤前半夜就被烧没了，下半夜全家被冻醒；留小了，不热，一夜全家受冻；加上蜂窝煤的煤质不稳定，留多少更难控制。老爸往往半夜会起来一次，我睡觉轻，常常听见，他摸黑穿拖鞋声，因为长期吸烟的暗咳声，铁钩子拉合炉盖儿声，撒尿声，脱鞋上床声。

我对炉火的兴趣很大。从脆冷的屋外进来，把厚重的棉衣一脱，一屁股坐在炉火旁边的马扎上，面对炉火，像拥抱一个终于有机会可以拥抱的女神一样，伸出双臂、敞开胸怀，但是又不敢抱紧，很快身心感到非常温暖。然后，倒转身，挺直腰板，让炉火女神再温暖自己的后背、后腿。炉火还能烤食物，白薯、汤、粥、馒头片。晚上看书累了、饿了，贴炉壁一面的烤白薯和烤好的抹上酱豆腐的馒头片都是人间美味。遇到周末改善生活，放上一口薄铝锅，炉火还能当火锅。火锅神奇的地方是，已经吃得不能再烦的白菜、酸菜、豆腐、土豆放到里面，几个沉浮，忽然好吃得认不出来了，围坐在周围的家人也开始和平时不一样了，老妈转身去橱柜拿酒，老姐望着炉火，眼神飘忽，老哥热得撩起裤子，老爸开始小声哼唱十八岁前学会的歌曲。窗外天全黑了，借着路灯灯光看到小雪，在窗子的范围里，一会儿左飘，一会儿右飘。

后来，住处有了集中供暖，老爸还是习惯性半夜起来一次，我睡觉轻，还是能听见，他摸黑穿拖鞋声，因为长期吸烟的暗咳声，吐一口痰声，喝一口水声，撒尿声，脱鞋上床声。我背诵最早和最熟的唐诗之一是白居易的《问刘十九》："绿蚁新醅酒，红泥小火炉。晚来天欲雪，能饮一杯无？"老爸天生酒精过敏，滴酒不沾，但是每到冷天，每到夜晚，每到想喝口小酒，我每每闭着眼听到老爸像老猫一样爬起来，去照看那早已不存在的炉火。

（选自《意林·作文素材》2018年第6期）

【适用话题】父爱；平凡与伟大；爱的表达

中高考"黑马"素材

失去双腿20年，UP主帮我再次跑了起来

□豪 豪

2022年3月，B站UP主（上传者）"影视飓风"收到一条特殊的私信。

"我好想好想好想知道，如果我没有截肢的话，跑起来会是什么样子。"这条私信来自他的粉丝@少轩SRAG。7岁那年，少轩因一场车祸失去了双腿。高位截肢的他，希望"影视飓风"能帮他实现再次奔跑的愿望。

作为B站知名的数码UP主，"影视飓风"的团队经常运用专业的拍摄设备，以及强大的后期技术，创作出堪比影视大片的视觉效果。而在半年多前，团队的主理人Tim开设了一档新栏目。他打算用特效帮助别人实现愿望，成为他们理想中的动漫主角或超级英雄。

"影视飓风"收到少轩的私信后，第一时间就答应了他的请求。动身去往合肥，跟少轩聊了很多早前的经历，以及他想要达成的效果。2022年6月，团队前期准备完成后，少轩动身前往杭州，准备视频拍摄。少轩本以为，他们会用AI换脸这种最简单的技术。但是，为了尽可能还原真实，团队选择了一种"舍近求远"的方式。

他们采用的方案是拍摄少轩的上半身，再用特效制作出身体和双腿。可出师不利，光是吊威亚这一步就遇到了不小的困难。因为少轩没有双腿，重心靠上，用传统的方法绑威亚无法平稳固定，少轩几乎只能趴在空中。道具团队紧急定制了一套威亚服才解决这一问题。本以为后续会相对顺利，但由于在轮椅上生活太久，少轩已经忘记了如何跑步。为此，团队还给少轩进行了跑步特训，从摆臂开始学起，再练习篮球运球……这些对普通人来说再平常不过的动作，对少轩而言却非常艰难。项目开始前，少轩没有想过要调动这么多资源。除了专业的拍摄设备和场地，他们动用了将近40人的团队。

在野外拍摄时，为了安装威亚装置，还租用了两台大吊车。同时，特效组进行了多次预演。为了使腿部合成效果更和谐，团队找到医生，根据少轩的上肢测算身高，再对相应身高的演员腿部进行扫描。

2022年11月20日，在少轩面前，"影视飓风"按下了一则短片的播放键。时隔将近20年，少轩再一次站立起来。借助特效合成的双腿，少轩在草地上尽情奔跑，在篮球场和朋友一起挥洒汗水。看完视频，少轩一时说不出话。"现在有很多种情绪在我心里，我突然有种不知道该说什么的感觉。"将现实中的不可能，在屏幕上实现，这也许就是科技的温度。

（选自《意林·作文素材》2023年第3期）

【适用话题】科学技术；关怀；梦想

有些人会一直住在一个词语里

□喇嘛哥

人真是一种奇怪的动物,活着活着就会觉得有一些词仿佛专门为另一些人定制的,不管是刮风下雨,还是在陌生的地方看到这个词,关于这个词后面的那个人就会跋山涉水出现在你的脑海里。

比如有个词叫"阴天",我觉得特别有仪式感。雨沫里有一些泥土的味道,年轻的父亲会穿起雨衣,就像一个等待号角响起的战士,果敢地冲进雨幕里,往羊圈里背草料,当然羊们比我淡定,它们知道,这一天不仅可以四平八稳地慵懒地躺到自然醒,而且心不在焉地吃着送到嘴边的草料,热络地和旁边的同伴讲述着比远古还遥远的往事。阿爸也总是这么任劳任怨,他好像对每一场雨的到来都心存感激,即使雨水划过古铜色的脸庞,都掩饰不住这莫名的兴奋,他有点空隙就和阿妈互相祝贺着这场大雨。

阿妈比阿爸矜持一些,她会掩紧我的被子,探过身子向父亲求证:嗨,下雨啦?!我很奇怪,阿爸和阿妈很少叫对方的名字,他们之间总是用"嗨"来代替对方,就像一个人和另一个自己在说话一样,从来不需要铺垫,他们默契到了无需解释。比如,阿妈说下雨啦,父亲接下来一系列的动作就像设定好的程序:一骨碌爬起来,草草地穿戴好衣服,断然地出去了,从羊圈到马棚巡视一圈,然后带着一身水汽进来,不管多早,肯定开始生火熬茶,向母亲汇报一下雨有多大,羊们马们都安然无恙等。接着开始和母亲比较上一场雨的阵势和雨后的一些规划,比如,借着这下雨的空隙,是不是该请西山梁那边的蒙医大夫来家里喝点酒,感谢人家。

有两次,他们不知道因为什么,大声地辩解和争吵。我知道即使这样,他们的对峙等不到天明就自然消停了,因为妈妈的记性不好,从起床之后,开始筹备

过阴天的各种聚会的东西,总是需要父亲的帮助,就会赔着笑与父亲和解,父亲也会顺势下了台阶,骑着马去邀请朋友聚会。

接下来,家里会来很多人,他们从一场雨谈到秋后的收成,从一场雨幻想草原的丰茂,接着会从一个人讲到另一个人,讲到情义,讲到想念,于是找各种理由唱歌,一首接着一首,他们会沉浸在歌声里,会热泪盈眶,会哄堂大笑。会憧憬,会哀伤。他们借着歌唱抒发自己的心情,借着歌声倾诉自己的遭遇。

我那时候,极其讨厌他们唱歌,总是不明白,为什么那么熟悉的人却要借着歌声和酒劲说那么深情的话?有时候,我会一个人站在沙梁上看天,和身边的小草野花说话,会潜伏进羊群和它们斗智斗勇,看它们气急败坏的样子,当然也会有马失前蹄的时候,比如被头羊顶翻在地,被马桩刮破衣服等。

我一直以为,这些冗长而烦琐的景象会随着我的成长而淡忘,我也不需要再听那些千篇一律的歌唱。谁知道,很多年后,无论在哪里,只要天阴,那些人,那些景象,那些歌声,就会填满我所有记忆和想念的缝隙,连他们擦拭眼泪的动作都会清晰如昨,甚至"天阴"两个字里都显得气象万千和无比珍贵。

(选自《意林·作文素材》2018年第15期)

【适用话题】 思念;亲情;父爱;回忆

成长 · 中高考金牌素材

善良、快乐、健康比成绩优秀更重要

□余秋雨

预设的人生是无趣的。在我看来，这比研究任何学问都重要。年轻人还没有定性，有无限的可塑性，可以学很多东西，甚至成为各方面的专家。因此，我想请每一位年轻人树立一个观念：不要被专业所限制。

高考时，我报考上海戏剧学院戏剧文学系。在当时上海戏剧学院非常难考，但我也考上了。我的父母坚决不同意我去学习戏剧。因此我又去参加了高考"统考"（上海戏剧学院是单独招考），考完后成绩也很好，特别是英文成绩。据说，我的英语成绩是上海第一名。所以，解放军外语学院的老师天天到我家里来，游说我放弃上海戏剧学院，去他们学校读书。我也想去解放军外语学院读书。

于是，我就去上海市招生委员会，希望能把档案要回来，我爸爸也每天给招生委员会写信，说我不想去读上海戏剧学院。由于我爸爸的每天一封信，导致我在招生委员会变成了一个"大人物"，在我去要档案的时候，招生委员会的副主任亲自出来见我。但副主任只对我讲了一句话，他说："我们国家战争时间太长，军事人员过剩，艺术人员短缺，你还是到上海戏剧学院去。"讲完以后他直接就走了。于是，我便留在了上海戏剧学院。在上海戏剧学院读书的时候，我只要在学校门口看见穿军装的人，就认为是解放军外语学院的老师来接我了，来把我从这个地方解救出来，因为我确实不喜欢戏剧。

后来，也不知道什么原因，我突然喜欢上了戏剧，我内心的戏剧因子全部复活了，我不仅喜欢上了这门专业，而且成为这个领域内的一个专家和领导者。

我在这里啰里啰唆地讲述自己的故事是想告诉年轻人，年轻时真的什么都可以学会，千万不要执着于我爸爸是学什么的等。如果现在把你放到西班牙去，你肯定能非常快地学会西班牙语并且成为专家。

人生的定位比专业的定位更重要，人生的魅力比专业的选择更重要。你永远在海边，虽然不知道哪艘船会把你带向何方，但

素材"巧遇"中高考
2016年中考无锡卷作文：**比分数更重要的事**
"巧遇"指数

你知道你是一个勇敢的水手,能够随时出发,敢于面对任何困难和恶浪。这才是一个合格的毕业生所应具备的素质。

既然专业并不是如此重要,而人生又是这么重要,那么人生到底有哪几点?我的回答是六个字:善良、快乐、健康。

没有充满善良的身心,是我对年轻人最大的担忧。成功、输赢有时候真的不重要,但善良的行为会长留人们的内心。我希望大家成为一个真正善良的人。善良会让所有的人都喜欢你,你可以给所有遇到的人带来快乐。那到底什么是善良呢?前不久我在台湾演讲,我用中国儒家的两个词语定义了善良,善良就是成人之美、与人为善。

再说快乐,用今天流行的语言来说,快乐就是一个人不论碰到正能量还是负能量,他表现出来的永远是正能量。就好像你遇到一个人,在他面前,一切问题都能解决,一切困难都能克服。我认为,人不快乐的原因是把负面情绪扩大了,其实让你不快乐的事、不快乐的人是没有价值的。因此我想告诉同学们,在年轻时,不要过于敏感、过于自尊、过于自我保护。

最后说健康,健康要求我们改变各方面的能力,包括心理上的、运动上的、生活上的等。今天,随着知识和科技的快速发展,很多专业上的知识已经过时。因此,唯有健康,你才有机会学习新的东西,创造新的东西,这就是健康的意义。

如果一个年轻人,不只善良、快乐,而且健康,他一定是人见人爱的,即使他在专业成绩上表现一般,他也会很受欢迎。

(选自《意林·作文素材》2015年第12期)

【适用话题】人生定位;专业选择;不设限

中高考"黑马"素材

成绩最差的学习委员

□ 曾 颖

我是凭着自己一塌糊涂的中考成绩进入职业中学的。

那是1984年,职业教育刚刚在故乡小城推行,是新生事物,我学的专业又是"家用电器"——在黑白电视机都还没有完全普及的年代,也算是时髦新潮的专业。同级还有两个建筑专业班,被强制分去学建筑的同学一个个灰头土脸。没想到多年后,他们中涌现出了多个千万富翁。

回到进职中的那一年,包括学校老师在内,大家更看好的都是家电专业。学校接受各种采访,也都是安排家电专业的学生去。

我永远记得进职中第一天的场景。由于小学、初中成绩都不太好,我对教室和老师心存倦意,总觉得那一眼望不到底的读书生涯,会有一个不出所料的失败结局在前方等我。

我们班只有四十几个人,教室空出一大截。班主任是位头发花白的红脸男人,梳着背头,随时面带笑容,一说话就露出两颗门牙,仿佛是一只快乐的卡通兔子。我没想到的是,这个让我第一眼看到就心生愉悦的老师,会那样深地影响我,将我的命运从另一条道路上硬生生地拉扯回来。

这位老师叫李洪高,当时四十几岁,教了大半辈子数学。人到中年,面对我们这帮奇异的学生,他的内心其实远没有表面看上去那么轻松。作为一名教师,看着眼前这队刚在中考中吃了人生第一场败仗,并且不知路在何方的学生,他的内心也是打鼓的。但因为是老师,他必须表现得足够乐观坚强。

开学那天,在点完名之后,李老师开始委派临时班干部,说等一个月大家熟识后再进行选举。

一位皮肤黝黑的农村同学被任命为班长,这个称号一直保留至今;一位一看就学习很认真,可能中考运气不佳才流落于此的瘦小的女生被任命为团支书;令我始料不及的是,任命班上的学习委员时,李老师居然叫了我的名字。

连我本人都觉得不可思议,要知道,从幼儿园到初中,十多年里我可是连小组长都没当过一次,更不要说学习委员——它对于我就像天鹅肉之于癞蛤蟆，想想都是罪过。此刻，这个任命从天而降，砸得我的头嗡嗡响。我再次抬头看李老师，确认他的眼睛的确看的是我。他眼含笑意，坚定地冲我点了点头。我也由此成为成绩最差的学习委员。

除了我自己之外，其实没有任何人在乎这件事。全班四十几个人，一半都有这样那样的职务。几十年之后开同学会，大家叫得出班长、团支书甚至文娱委员的名字，唯独回忆不起我这个学习委员，足见在同学们的记忆中，这职位是完全没有存在感的。但这对我，是石破天惊、开天辟地般的一件大事。这意味着，在新的学校里，老师并不讨厌我，这对一个青春期叛逆少年意味着什么是不言而喻的。

那时的我像一个奇怪的放大镜，总能发现并放大来自外面世界的敌意，有时甚至有些神经过敏地制造和挖掘这种敌意。周边的环境也因为我的这种敏感与敌意而变得不友好，这又正好成为我证明世间冷漠的例证。如此恶性循环之下，我自然就变成一个愤世嫉俗的人，从别人一句寻常的问候之中，都能听出莫名的恶意来。

而李老师这一看似不经意的"任命"，让我感受到了久违的信任。

学习委员有两大工作职责，一是配合教导处写"教学日志"，也就是悄悄给老师的讲课质量打分；二是办黑板报。前者要求我每堂课必须坐在教室里，而不能像小学、初中时那样，待在学校背后的小树林或隔壁茶馆里的时间比在教室里的多。而办黑板报，对5岁就能在厕所墙上画"丁老头"的我来说，也不是太难的事。加之从小到大，我唯一擅长的就是作文，虽然字写得丑了点，但文章的内容还算有趣。

因而，我的黑板报办得还算过得去，甚至在年级和学校都有了一点名气。后来，我进报社，编报纸、写新闻，与这段经历也多少有关。但我的专业是"家用电器"，主要科目是"电工基础""电子技术""收音机""录音机""电视机""冰箱"等，后期甚至还有计算机二进制基础编程之类。这些课，实验操作尚好，基础理论却很枯燥。我这个混了八年的"学渣"，简直如同蚊子叮钢板，完全扎不进去。加之学校初创，经费紧张，实验很难实际操作一回，而外聘的专业老师大多是不擅讲课更擅实操的工人师傅。到了期中考试，我的成绩可想而知。

那些日子，我人生第一次为了学习而焦虑。此前，为学习成绩挨过的批评甚至打骂不可谓不多，但我都没那么焦虑过。而此时，我开始在乎——作为一名学习委员，我的成绩至少不能是倒数啊！那也太对不起老李了！"老李"是我心中对李洪高老师的昵称，它自然而然地蹦出来，并在我心中保留了一生。

为了缓解这种焦虑，我想过许多办法：找当电工的舅舅补课，买各种课外书，撺掇母亲订与电子有关的杂志和报纸……我甚至用肥皂盒加几个三极管和电容电阻，做出了一个电子门铃。

母亲为了配合我破天荒的勤奋，甚至卖了50斤粮票，花9.8元为我买了一本厚得像砖的《三极管参数大全》——这相当于一个没有电脑的家庭花巨资买了个硬盘放在桌上当

"意林体" 金素材 | 成长

摆设，但它至少表明了母亲和我希望把学习搞好的愿望和决心。

但这一切，丝毫没改变我一塌糊涂的成绩单——上面七个科目，除语文和体育之外，基本都是红色。

可是老李在通知书中，不吝惜言语地对我细小的优点进行了放大式的表扬：办黑板报被称赞为热心公益，帮图书馆抬书被视为乐于助人，在联欢会上演哑剧被认为有文艺潜质，连写作文被教导主任批评不符合主流思想，也被他表扬为有独立思考的能力……

那封通知书发到我妈手中，我妈惊讶得把字数并不多的通知书翻来覆去看了很多遍。这是有史以来第一次她没有恐惧开家长会。

这样的场景，让我汗颜并且羞愧。我发自内心地想努力学习，以对得起李老师对我的欣赏和信任。但遗憾的是，直至毕业，我也没有把家电专业学好。但我至少努力过，还把原先不及格的科目挣扎着考及格了。

因为那份尴尬和遗憾，我努力想成为更好的自己，这种信念在以往是从没有过的，是老李帮我树立起来，并让我受益一生。我至今每天坚持早晨6点就起床读书、写字，心里的感觉，与38年前一样。如果说如今的我对这个世界充满热爱和眷恋，那源头，一定可以追溯于此。

我曾是一个成绩很差的学习委员，我对此既惭愧，又感激，同时充满欣慰和自豪。我没有学会修理电视机，却学会了修理自己。这一切，都要感谢乐观开朗并且偶尔有些小小狡猾的老李。

转眼他离开人间3年了，愿他在天堂，知道我在想他。

（选自《意林·作文素材》2023年第1期）

【适用话题】 教育；师恩；努力；信任

成长 | "意林体"金素材

"别人家的孩子"也有你不知道的忧伤

□郝景芳

很多人小时候，可能都曾经被父母口中"别人家的孩子"打击过。很"不幸"，我好像就是这样一个不受欢迎的"别人家的孩子"。但其实我自己知道，我记忆中的成长岁月，失落多于骄傲。

我在学业上一直追求"遥远的光"，就是一种"未来我的人生要像这样"的模糊的感觉。语文老师鼓励我们自由写作，我于是幽默点评《三国演义》，还羞怯地写了几部小说。那时候的我，野心勃勃地想要在高中出版一本畅销书。但高一之后，一系列的阅读让我开始无法提笔。先是马尔克斯的《百年孤独》，然后又读到卡尔维诺的《看不见的城市》。从那时候开始，我的写作就谦卑多了。为了贴近心中的光，我从中学到大学一直尝试，一直笨拙而艰苦地尝试。至今我仍活在时时出现的气馁中，又在气馁中继续鼓起勇气前进。

有人问我：你这么喜欢文学，为什么不读中文系？因为还有另一道更远、更强烈的光在吸引我。小学三年级时，我爱上了看《少年科学画报》，被里面富有趣味的机器人漫画迷住了。后来读《十万个为什么》，天文卷里说，宇宙里有一种奇特的星星："中子星上面每一立方厘米的物质，都需要一万艘万吨巨轮才能推动。"我当时惊呆了。每个人一生中可能都会有一些晕眩时刻，这些就是让我目瞪口呆的晕眩时刻。

高三的时候，我偶然看到一些有关量子力学的科普作品，被深深吸引了。后来，顺着这条线，我读了玻尔、海森堡和薛定谔的著作。我后来了解到，薛定谔三十几岁发表了著名的薛定谔方程。他对古典哲学和古印度哲学有深入研究。他懂六国语言。他业余时间喜欢写诗，喜欢雕塑，喜欢和朋友一起散步，讨论生命哲学。他低调、内敛、思辨能力强，对经历的"二战"磨难讲得云淡风轻。他就是我最想成为的那类人：洞悉世界，洗尽铅华。

大学时我最大的失落就是发现自己的思考能力和成就，恐怕永远也赶不上偶像的。

我的成长就是这样，我的努力是因为心中有光，忧伤也是因为心中的光。这样反复失落和忧伤的过程中，我有了意想不到的收获。

如果你给自己设定的目标是100分，最后哪怕只做到10分，内心虽然会感到失落，但也会惊讶地发现，自己很拿不出手的成绩已经比周围人的高一些了。把梦做大一点没坏处，梦做大了，现实中的挑战就都是小事了。

（选自《意林·作文素材》2021年第6期）

【适用话题】梦想；目标；追赶；超越

"意林体" 金素材 | 成长

想当女王的童年

□ 一 隅

我的小学是在家乡的小村子里上的，在那个条件并不算好的年代，小女生间衍生出的游戏不在少数，印象深刻的是"演戏"。那时候有着明确的分工，各种角色，什么厨娘啦、侍女啦有很多，什么都可以做，唯独"女王"这个至高无上的角色不能选。因为从诞生这个游戏时起，那个扎着羊角辫儿，每天都穿着漂亮公主裙的女孩，就将这个角色一人揽下了。似乎所有的人都理所当然地认为，长得好看，有漂亮裙子穿的女孩，天生就是女王。那时候的我留着短短的头发，没有可爱的发卡，衣柜里没有靓丽的裙子。儿时的我也不懂什么是自卑，只是有一种不甘的劲儿，不愿意做什么侍女的角色，觉得要不然就做女王，要不然就不玩。现在想起来都觉得那时候的自己霸气得不得了，宁愿一个人拿着粉笔在水泥地上描摹着想象，做自己世界的女王。

数一数儿时的"辉煌"历史，有件事自然要提。你能想象到一个不大点儿的女孩领着一个一边捂着流血的脑门，一边哭泣的不大点儿的男孩在街上走的情景吗？没错，那个女孩就是我。论原因呢，不是说好的江湖规矩吗，骂人不可以带上爸妈的。触犯到原则问题，我一怒之下捡起一颗石子就砸。从来都不知道自己的手法可以这么准，直到旁边有女生发出尖叫声时，我还在原地呆呆地站着。害怕不是没有的，那时的我还担心过自己会有坐牢的危险，反应过来后，我领着他就去找医生，事后还在庆幸好在没有警察叔叔来抓我。

那时候流行下午放学后去同学家串门写作业，时常有女生来我家，吵闹玩笑偶尔发生，原因早已模糊。记得我只是出去上了个厕所，她就把房门锁上，不让我进。恰好她的作业在屋外放着，我拿来威胁她说："你要是不开门，我就把你的作业撕掉，让你重写！"她似乎觉得我不敢，一点儿开门的意思都没有。平日里怎样都可以，小瞧我自然是不行的，然后我就在她的目瞪口呆中把她的作业撕成了两半，那姑娘一下子就哭了出来。妈妈听见动静赶过来，狠狠地批评我，我却在心里扮鬼脸：胶带一粘不就好了，有什么好哭的？我的倔性子，不允许别人小瞧的性格，可能从那时就养成了。

我不知道是不是很多人的童年都是如我一般，现在回想起来，怎么也想象不到当年的我是那样犀利。如今的我，身边有几个死党，偶尔见了儿时的伙伴，也会笑着问候。岁月将我磨得光滑圆润，在我身上再也看不到儿时的那种嚣张跋扈的样子了，只不过喜爱自由、倔强不已的性子终究没变。

（选自《意林·作文素材》2019年第3期）

【适用话题】个性飞扬；倔强不羁

中高考金牌素材

品德

有一种幸福，叫身边没有讨厌的人

□ 李月亮

我还是年轻小白时，采访过一位老教授。当时他的论文刚获奖，神清气爽。我就问他："对现在的生活满意吗？"他想了想，说："挺好的，身边没有讨厌的人。"这答案把我整蒙了。其实我预想的回答是：挺好的，干着喜欢的事业，又小有成绩，衣食无忧，妻贤子孝……这不才是一个人对生活满意的根本吗？我觉得老教授没有认真对待我的问题。这个误会保持了多年。直到我年纪渐长，了解了点生活，才终于体悟到老教授的高明。

听过一个故事。某个公司，有A、B两个领导，两个人从开始共事起，就各种合不来，二十年来一路明争暗斗，你告我的状，我拆你的台，你给我挖坑，我给你设局，都憋着劲不想让对方好过。A要做什么事，最先想到的就是B会不会作乱。B要有什么动作，第一个要琢磨的肯定是怎么化解A的刁难。人生最珍贵的二十年，两个人就在这撕扯角力中度过了。现在A快退休了，有次酒后跟司机感慨：自从跟B共事，这二十年，就没一天顺心过。因身边有个讨厌的人，本来风光无限的人生、风生水起的事业，就这样被空耗了。说多了都是泪吧。

大学时，我隔壁宿舍有个女生，骄横任性，有点不顺心就发脾气摆臭脸，她可以在宿舍肆意呼号，而别人打个电话都被她当成冒犯。她下铺的女生S起初跟她吵过几次，但段位太低，根本吵不过，后来就只能忍着躲着，整天在外面晃，万不得已回宿舍，进门时都是一副英勇就义的表情。S有次跟我说：一看到那个身影，心里就一紧，一句话都不想说，什么好心情都没了。哪天要是那人不在，她像过年一样开心。她数次找辅导员调宿舍，都不成。后来又想换专业，更不成。于是她就只能盼着毕业。到毕业离校那天，我帮她搬行李下楼，她跟我说的最后一句话就是：出狱了。

素材"巧遇"中高考
2019年中考黑龙江齐齐哈尔卷作文：
一种幸福
"巧遇"指数

人的烦恼，大概有一半都是因"人"而起。人烦人，最烦人。如果没有人际交往的困扰负累，生活必然要轻快顺畅得多。人生就像旅行，跟谁同行，往往比去哪里更重要。所以，身边没有讨厌的人，的确是件幸福的事。只是这种幸福，就像健康和自由，虽至关重要，却不易察觉，往往都被我们忽略了。如果你碰巧拥有，那真该好好珍惜这福气。

（选自《意林·作文素材》2016年第19期）

【适用话题】学会珍惜；感受美好；人际交往

什么时候最想回家探望父母

□张小娴

虽然离家很近，却没多少时间回家，以至于每次爸妈打电话来问："你什么时候回来？"我会说"等休息或有时间""等工作没那么忙时吧""迟些吧"。其实心里最想说的却是"遇到挫折的时候，我会回家"。这也是事实。

遇到挫折的时候，我最想家，这时候的我什么都不愿多想，管他三七二十一，跳上车就回家了。如果离家远的话，我就不会这样做了，因为离家近，让我有了依靠，一点事就想回家了。这时回过头来想想自己的过失，不免有些自责：离家这么近却没能多回家看看父母，却在自己生活不如意的时候想回家了。觉得自己有些没心没肺。

是呀！在我一切如初、诸事顺利的时候，我是不会想到回家的。即便不是和朋友与同事在一起，也宁愿一个人窝在自己的房间里看书，看影碟，玩电脑。个人空间比什么都重要。况且我向来都喜欢独处的。

然而，遇上挫折的时候，失意的时候，沮丧的时候，我的第一决定和选择是回家。这时候的我才发现有家真好，是多么幸福的事情。要是晚上坐车回去爸妈一定很担心，但有时还是坐不住跑了回去，有时等到第二天凌晨跑回去，爸妈就问："怎么突然间跑回来？"我只微笑道："休息嘛，想回来就回来了。"其实我是回家避难来了。

工作不如意，生活索然无味，莫名地厌倦了，打个电话回家："妈，我想回家吃饭可以吗？"老妈在电话那头开心又惊叹地说："好呀，今天不用上班吗？"那一刻我好想坦白，直截了当地说："我厌倦了这里的工作和生活，想回家疗养，可以吗？"可是我没有说，怕他们担心。

对不起，我总是带着一颗挫败的心回家。

（选自《意林·作文素材》2013年第8期）

【适用话题】亲情；依靠；心灵港湾

中高考"黑马"素材

名誉高处

□余秋雨

已经取得名誉的人,一般被叫作名人。身为名人而做着不名誉的事,大家就会有一种受欺骗的感觉,因为名人早已与大家有关。所谓"欺世盗名"的恶评,就很难用到一般骗子身上。鉴于此,人们在向名人喝彩的同时,往往保持着潜在的警惕性、监视性乃至否定性。名声越大,这方面的目光就越峻厉,因而产生了"楼有多高,阴影就有多长"的说法。

常听人说,名人太嚣张。但据我观察,出名后很快萎缩的名人,更多。

萎缩不完全是害怕,大多是应顺和期待——应顺着众人炯炯逼视的眼,期待着众人欲说未说的嘴。贝多芬在一篇书简中说:"获得名声的艺术家常受名声之苦,使得他们的处女作往往是最高峰。"这就说明了成名之后萎缩的普遍性。

不管萎缩还是嚣张,都是病态。要克服这种"名人症候",唯一的办法是在名誉上"脱敏、消炎",平平稳稳地找回自己。

我们原本是寻常之人,周围突然响起了喝彩声,抬头一看居然是针对自己的,不免有点惊慌,那就定定神,点头表示感谢,然后继续低头做自己的事吧。如果觉得要为喝彩声负责,那么今后的劳作也就成了表演。万万不可为延续喝彩而表演,因为哗众取宠从来就没有好结果。

按一般规律,喝彩声刚刚过去,往往又会传来起哄声和叫骂声。面对这种情况,仍然要气定神闲地把持住自己,好在未曾进入过表演状态,你对这种声音也就没有义务去关注。但是,尽管你不予理会,一阵阵声浪仍会使你渐渐孤独。即便是喝彩声,也会成为一道影影绰绰的围墙,一种若有若无的距离,使你难以像以前那样融入四周。这种孤独不会导致自闭,因为你心中还有终极原则,还有茫茫众生。但终极原则无形无貌,茫茫众生也不会向你走近,因此你只能寂寞。一个人,如果能够领悟名誉和寂寞之间的关系,两相淡然,他也就走出了病态,既不会萎缩,也不会嚣张了。名誉的高处找不到遮身之地。人们常常误会,以为那里也像平地一样,总会有一些草树可以阻挡一点什么,其实正是高度把一切阻挡物都舍弃了。因此,要接受高度就要准备接受难堪。但是,难堪也只是心理感受罢了。不把难堪当难堪,难堪也就不成为难堪。

——如果实在消受不了名誉的重压,那还不如悄然从高处爬下,安顿于人间万象的浓荫里。

(选自《意林·作文素材》2022年第10期)

【适用话题】名誉;压力;寂寞;平凡

自由,就是被人讨厌

□陈思呈

哲学家阿德勒说,一切烦恼皆源于人际关系。有时候觉得这真是一件悲哀的事。世界那么大,而我们的注意力总是无法免俗地聚焦于别人如何看待自己。

近期,孩子在学校里遇到了对他不友善的人,问我怎么办。我并没有很好的办法,却想到了自己刚上大学的时候。那是我第一次到另一个城市生活,第一次住集体宿舍,第一次必须24小时与一群陌生的伙伴相处。对此,我妈比我还焦虑。她给我准备了两个巨大的箱子,外面还用油漆写上了我的名字。殊不知,这充满戒备感的行为,令室友对我非常反感。我妈甚至在我们宿舍住了一个星期,一星期后,她回家了,我却被孤立了。那一个星期是同宿舍7个陌生女孩互相熟悉的黄金期,而因为我妈在场,我错过了与她们互相熟悉、建立情谊的过程。我成了一个局外人,不知道她们如何聚在一起议论辅导员的性格、隔壁宿舍的卫生。

人们往往需要一个异类来作为话题,增进彼此的亲密感,而我,恰恰成了那个异类。曾经被孤立的经历,使我能深刻地理解人的心理。我明白了人性的残忍——人们会因为一个随机的缺点、一个偶然的机缘,就把你踢出局,让你成为人群的对立者。人们需要这种敌意,仿佛这能让他们的友谊更有味道。

后来回想,被孤立的时候,恰是我读书最多、工作最有效率的时候。人群是温暖的,但也是一种拖累。被孤立其实并没有那么可怕,害怕被孤立的原因在一本叫《被讨厌的勇气》的书中写得很清楚:"对很多人来说,仅仅是被讨厌这件事本身,就已是一个可怕的印章,它意味着一种终极失败,你的一切价值很可能因此而归零。"对此,这本书提出了一个明确的说法:自由就是被人讨厌。当你被某人或者某些人讨厌,这是你行使自由以及活得自由的证据,也是你按照自我方针生活的表现。

如果有人讨厌你,那不是你的问题。被他人讨厌的人,客观上也得到了很多的自由——时间上的自由、行动上的自由。我在被孤立时的高效阅读中,有一些抽象的人陪伴了我,他们比我身边的人智慧,让我缓慢地意识到,属于我的更大的舞台不在这里,要在更广阔的天地里寻找自己的位置。

我们每个人都属于多个集体。如果你在一个集体里被孤立,那就说明你不属于这个集体,如果在这个共同体里面没有归属感,我们需要做的就是置身事外,寻找更大的共同体。

(选自《意林·作文素材》2019年第22期)

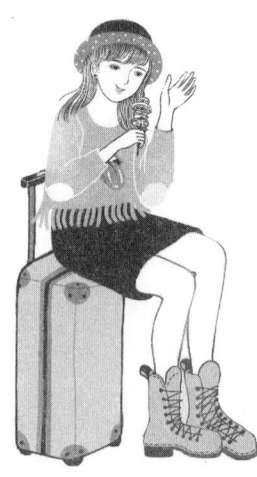

【适用话题】自由;人际关系;孤立与合群

中高考金牌素材

接纳万物，人生无处不风景

□ 尤 今

素材"巧遇"中高考
2018年中考吉林长春卷作文：
有你的地方就有风景
"巧遇"指数 ★★★★★

我来到了阿拉伯联合酋长国人口最多的城市迪拜，到旅游促进局去，要求有关当局推荐观光节目。该局职员毫不犹豫地建议：骑骆驼到沙漠去，观赏苍茫独特的大漠风光。

我想也不想，便摇头说不——曾经深入神秘莫测的撒哈拉大沙漠，与游牧民族共住帐篷，为大漠那磅礴得足以令人目瞪口呆的浩大气势深深地倾倒；也曾有长达年余的时间住在沙特阿拉伯，为那黄沙滚滚蔓延万里的辽阔气象而心醉神迷，现在，实在不想再看"小巫"——除却巫山不是山呵！

那职员脸上浮现了一丝讳莫如深的笑意，说："每片天空，都有不同的颜色和深度；每个沙漠，都有不同的性格和魅力，您姑且试试吧！"

被他说动了心，去了。

沙漠，刚刚下了一场不可思议的雨，空气中满满地蕴含着湿气，为原本炎热不堪的夏天带来了难以预料的沁心凉意。

骆驼，淡漠着一张毫无表情的脸，重复着每天一成不变的日程。沙漠平平坦坦，一望无际，没有曲线，没有变化，即便原本"剑拔弩张"的荆棘和"千娇百媚"的仙人掌，也显得营养不良，没神没气的。逗留在迪拜的时间很有限，惆怅自己骑着瘦骨嶙峋的骆驼在此彳亍亍，无谓地消耗时间。

百无聊赖地俯头看路旁干瘪的植物，这时，牵骆驼的人突然停住了脚步，仰着一张皱纹纵横宛若大小溪流任意狂流的脸，指着天空，以一种庄严而又亢奋的语气喊道："看！"

一看，双眼像火柴，"哗"地燃烧起来。

远处，整个天幕，灰灰暗暗的，像一块被洗得褪色的画布，显得沉滞、暧昧、模糊。就在这块陈旧不堪的"画布"上，大自然以它鬼斧神工之笔，画出了惊世之作：一道彩虹，弯成了圆满的弧形，由东到西，横跨整个天幕，不可一世地闪烁着扑朔迷离的璀璨。沙漠里的黄沙，在光线折射之下，被染成了一片非真似幻的瑰丽，像一地五彩的琉璃。

这一生，没看过比这更奢华、更铺张、更脱离现实的景致。一颗心，醉得不成样子。啊！看似乏善可陈的旅程，却有着出其不意的惊喜；看似平淡无奇的景物，却展现了惊世骇俗的绚丽。

莫为一己成见所囿，更莫自满于昔日经验，放开胸怀，接纳万物，人生无处不风景。

（选自《意林·作文素材》2015年第10期）

【适用话题】善于接纳；游目骋怀

让野生动物野

□张晓风

"让野生动物野!"这是美国"幽岑美地"国家公园给游客的告示。

让野生动物去野!不要喂它。喂它,就是宠它,但野生动物不是宠物,不该遭人喂食。小松鼠、小花栗鼠、美丽的蓝悭鸟、大黑熊、灰狼……都那么可爱,游客一念之仁,便不免去施食。

然而这施食却成了伤害。"一旦喂食,你就把野生动物变成乞丐了。"

原来,不仅是"嗟来之食"不可吃,就连"礼貌性的施食"也不可以接受,一旦接受惯了,就立刻变成乞丐。

"它们会跟着汽车跑着乞食,弄不好,就给轧死。""从'跟踪器'显示,经过喂食的黑熊,在山林里走了160公里,都不曾主动去觅食,因为它觉得食物反正会主动送上门来。"

武侠小说里江湖英雄最悲惨的命运其实不是死亡,而是遭人挑了手筋脚筋,以致"废了一身武功"。野生动物一旦遭到人类好心喂食,就等于英雄豪杰遭人废去武功。一项简简单单自己找东西自己吃的生存法则居然都丢弃了。

"而且,人类有许多含添加剂的精致食物会使动物严重脱毛。"这项说明,是大峡谷国家公园强调的。

我在崇山峻岭间行走时,不免为这样的告示惊动,原来"天地之漠漠无亲"才是大悲,人类的小德小惠,反是不仁。

"我曾被什么所豢养吗?有没有哪一种施食方式将我变成乞丐了?"我栗然自问。

(选自《意林·作文素材》2014年第2期)

【适用话题】尊重规律;顺应自然

中高考"黑马"素材

你的生活，没有那么多的观众

□大 倪

我从小就特别在意别人的眼光。

高一的语文课上，我被老师点名提问，站起来支支吾吾地回答了一句便惹得同学们哄堂大笑。一下子，所有的目光都聚集到我身上，我的脸涨得通红，恨不得找个地缝钻进去。后面的课我一句都没听进去。短短的几十分钟让我煎熬不已：在同学面前抬不起头。我的同桌、我最好的朋友，以后都只能形同陌路，我的高中注定要孤独三年。可没过多久，我发现同学们的课间讨论出现了新话题，不再有人记得我出糗的事。这是我第一次察觉到我的难堪只是自己的事情，于别人而言，它只是写在沙滩上的几个小字，下一个浪头打过来就消失了。

大学毕业后，我成了一名讲师。在为期三个月的入职培训中，我们每个人都要上台讲课，这可难坏了一跟人说话就脸红的我。

每每在台下背稿子背得滚瓜烂熟，可一上台说完自我介绍大脑就短路。我紧张得手脚发抖，嗓子也跟着颤抖，总是语无伦次地讲两三分钟就仓皇逃走。虽然同事都很友善，一直鼓励我，但不管他们怎么说，我的脑海里就只有"丢人"二字。直到他们陆续上台讲课的次数多了，我才发现大家的水平都差不多，有的稍微从容一些，有的比我还紧张……后来和同事们聊起这些事，我说自己当时太丢脸，没想到同事们却觉得他们自己当初更丢脸。原来，大家都更在乎自己的表现，没那么关注别人。

随着阅历的增加，我越发觉得过于在意他人的看法是我的一厢情愿。我常常把自己犯的一点小错在心里放大数十倍，出一点点错就仿佛一座大山压在我的生命里，再也翻不过去了。但别人并没有像我想象的那样关注我，他们只能零星想起我们之间发生的一些小事，我耿耿于怀的难堪早就被他们抛诸脑后。原来，我的生活中并没有那么多的观众。

过去的二十多年，我畏首畏尾，不敢犯错，想做的事不敢去做，我以为全世界的人都拿着放大镜在我身上挑错，每走一步都要三思再三思，也因此错失了很多机会。但随着他人一次次的鼓励，我无比清晰地感受到自己所做的事情有价值。我不再害怕别人的嘲笑，也不再担心别人挑剔我的表情、语速……相比起这件事的意义，这些都无足轻重。我甚至把我的短视频主动发给身边几个大学生亲戚看，希望能给他们带去帮助。

我不再害怕别人嘲笑我这么大岁数还去学唱歌，而是想唱就唱、想学就学；我也不在意别人的想法，而是把更多的时间花在自己喜欢的事情上。在有限的生命里大胆地活，是一件快意的事情。毕竟别人只是生命中的过客，我们自己才是生活的掌控者。

（选自《意林·作文素材》2023年第3期）

【适用话题】 保持乐观；树立自信

"意林体" 金素材 | 智慧

人类永远需要童话

□莫 言

在我的童年生活中,给我留下深刻印象的,除了饥饿和孤独外,那就是恐惧了。

我出生在一个闭塞落后的乡村,在那里一直长到二十一岁才离开。那个地方直到二十世纪八十年代才有了电,在有电之前,只能用油灯和蜡烛照明。蜡烛是奢侈品,只有在春节这样的重大节日才点燃。在很长一段时间里,煤油要凭票供应,而且价格昂贵,因此油灯也不是随便可以点燃的。我曾经在吃饭时要求点灯,我的祖母生气地说:"不点灯,难道你能把饭吃到鼻子里去吗?"是的,即使不点灯,我们依然能把饭准确地塞进嘴巴,而不是塞进鼻孔。

在那些岁月里,每到夜晚,村子里便一片漆黑,黑得伸手不见五指。为了度过漫漫长夜,老人们便给孩子们讲述妖精和鬼怪的故事。在这些故事中,似乎所有的植物和动物,都有变化成人或者具有控制人的意志的能力。老人们说得煞有介事,我们也就信以为真。这些故事既让我们感到恐惧,又让我们感到兴奋。越听越怕,越怕越想听。

在我祖父母讲述的故事里,狐狸经常变成美女与穷汉结婚,大树可以变成老人在街上漫步,河中的老鳖可以变成壮汉到集市上喝酒吃肉,公鸡可以变成英俊的青年与主人家的女儿恋爱。

这个公鸡变成青年的故事,是我祖母讲述的故事中最美丽也最令人恐惧的。我祖母说一户人家有一个独生女儿,生得非常美丽。到了婚嫁的年龄,父母托人为她找婆家,不管是多么有钱的人家,也不管是多么优秀的青年,她一概拒绝。母亲心中疑惑,暗暗留心。果然,夜深人静时,听到从女儿的房间里传出男人的声音。母亲拷问女儿,女儿无奈招供。女儿说每天夜晚,万籁俱寂之后,就有一个英俊青年来与她幽会。女儿说那青年身穿一件极不寻常的衣服,闪烁着华丽的光彩,比丝绸还要光滑。母亲密授女儿计策。等那英俊男子夜里再来时,女儿就将他那件衣服藏在柜子里。天将黎明时,男子起身要走,寻衣不见,苦苦哀求,女儿不予。男子无奈,怅恨而去。是夜大雪飘飘,北风呼啸。凌晨,打开鸡舍,一只赤裸裸的公鸡跳了出来。母亲让女儿打开衣箱,看到满箱都是鸡毛。

现在想来,这故事其实很是美好,完全可以改编成一部青年男女争取婚姻自由的剧。但小时候,听完这个故事,对鸡窝里的公鸡产生恐惧。在大街上碰到英俊青年,也总是怀疑他是公鸡变的。

我的祖母还说,有一种能模仿人说话的小动物,模样很像黄鼠狼,经常在月光皎洁之夜，身穿小红袄，在墙头上一边奔跑一边歌唱。这就使我在月夜里从来不敢抬头往墙头上观看。

我祖父说在我们村后的小石桥上，有一个"嘿嘿"鬼，你如果夜晚一个人过桥，会感到有人在背后拍你的肩膀，并发出"嘿嘿"的冷笑声。你急忙转身回头，他又在你的背后拍你的肩膀并发出"嘿嘿"的冷笑声。这个鬼的具体形状，谁也没有见过，却是让我感到最为可怕的一个鬼。二十世纪七十年代，我在一家棉花加工厂里做工，下了夜班回家，必须从这座小石桥上通过。如果有月亮还好，倘若是没有月亮的夜晚，我每次都是在接近桥头时就放声歌唱，然后飞奔过桥。回到家后总是气喘吁吁，冷汗浸透衣服。那小石桥距我家二里多路。我母亲说你还没进村我就听到你的声音了。那时候我正在变声期，嗓音又哑又破，我的歌唱，跟鬼哭狼嚎没有什么区别。我母亲说："你深更半夜回家，为什么要号叫呢？"我说我怕。我母亲问我怕什么，我说怕那个"嘿嘿"鬼。母亲说："世界上，最可怕的是人。"尽管我承认母亲讲得有道理，但每次路过那座小石桥，还是不由自主地要奔跑、要吼叫。

我如此怕鬼，怕怪，但从来没遇到过鬼怪，也没有任何鬼怪对我造成过伤害。青少年时期对鬼怪的恐惧里，其实还暗含着几分期待。譬如我曾经不止一次地希望能遇到一个狐狸变成的美女，也希望能在月夜的墙头上看到几只会唱歌的小动物。几十年来，真正对我造成伤害的还是人，真正让我感到恐惧的也是人。当然，作为一个人，我也肯定伤害过别人，让别人感到过恐惧。

我原来以为我母亲是说世界上的野兽和鬼怪都怕人。现在我才明白，世界上，所有的猛兽或者鬼怪，都不如那些丧失了理智和良知的人可怕。世界上确实有被虎狼伤害的人，也确实有关于鬼怪伤人的传说，但造成成千上万人死于非命的是人，使成千上万人受到虐待的也是人。回顾往昔，我确实是一个在饥饿、孤独和恐惧中长大的孩子。我经历和忍受了许多苦难，但最终我没有疯狂也没有堕落，而且成为一个被人尊敬的作家。到底是什么支撑着我度过了那么漫长的艰难岁月？那就是希望。在恐惧中，希望就像黑暗中的火光，照耀着我们前进的道路，并使我们产生战胜恐惧的勇气。我希望在未来的时代里，由恶人造成的恐惧越来越少，但由鬼怪故事和童话造成的恐惧不要根绝。因为，鬼怪故事和童话，饱含人对未知世界的敬畏和对美好生活的向往，也包含文学和艺术的种子。

（选自《意林·作文素材》2022年第4期）

【适用话题】心存敬畏；向往美好

看了很多书，为何依然没有洞见

□李 靖

有人问我是如何搜集和整理信息、如何建立知识体系的，我想很多人期待的答案是一个书单，可是我要告诉你这没有什么用。高考650分的人和450分的人书单基本上是一样的。书单本身并不能造成知识体系的差异，甚至接触信息的数量本身也不能。可是为什么有的人总是让人感觉"充满洞见"，而有的人却不能？这往往并不是因为他们接触了更多的信息，找到了更适合搜索信息的网站，或者偶然获得了绝密书单，而是因为他们处理信息的方式、看书的方式与众不同。而我就讲讲我是如何整理信息，并且获得"系统化知识体系"的。

1.建立知识之间的联系

我每看到一个有用的知识，都停下来去寻找联系——看看有什么其他的现象能够被这个理论解释。比如我偶然看到这样一句话："人的爬行脑（控制人的欲望的那部分大脑）更加喜欢视觉化的信息，而不是抽象的信息。"我问自己："我遇到的哪些现象可以被这个理论解释呢？"如果不找出至少5个现象我是不会罢休的。首先我想到了iPod（苹果牌多媒体数字播放器）的文案"把1000首歌放到口袋里"，这句话显然比"小体积大容量的MP3（一种能播放音频文件的播放器）"要好得多。除了广告文案，还有什么现象可以被这个理论解释？"理论的传播"本身就可以被这个理论解释啊！"只要抓住机会，即使你能力不高，也更有可能成功"，这句话早就有了，但是并没有被大家挂在嘴边，直到雷军说了句"台风口上，猪也会飞"。比起抽象的理论，这是更加视觉化的表达，自然容易朗朗上口，从而被记住和传播。说到"朗朗上口"，众多的谚语也是流传多年啊，那么它们是不是"视觉化"的呢？的确是的，谚语并没有说"同时实现多个目标""拿在手里的机会才是最重要的"，而是说"一石二鸟""双鸟在林，不如一鸟在手"。

还有呢？我喜欢足球，突然发现球员的绰号也是视觉化的，比如"独狼罗马里奥""小坦克鲁尼""小跳蚤梅西"，而不是抽象的"一意孤行罗马里奥""勇猛鲁尼"和"灵活梅西"。

真正导致人与人之间知识水平差异的，往往并不是知识数量，而是知识之间的联系。而且随着知识的增多，建立联系的收获也会越来越大。当你只有一个知识的时候，增长一个知识可能就是增长一个知识。但是当你有10000个知识，接触一个新知识可能意味着增长了5000个知识——因为你跟其中一半的知识建立了联系。

2.构思知识的多种用法

当我接触了一个新知识的时候，不光要想"过去的哪些现象可以被这个知识解释"，还

要想"我的哪些行为可以被这个知识改进"。比如仍是上面的"人的大脑喜欢视觉化",我的哪些行为或者工作可以被这个知识改进呢?

首先,我过几周可能要写"产品的象征性价值",如果视觉化的话,不如改成"给用户戴上合适的帽子:你的产品会像帽子一样,影响用户的形象"。我甚至想到了将来求婚的时候,不应该说"我想和你永远在一起",而是"我希望有一天我们都70岁了,仍然能手牵手走在XX的沙滩上"。总之,当你学习了一个新的知识,一定要提前构思一下——这个知识会如何改变我的行为?将来我可能会怎么用它?

为什么呢?因为很多人的问题并不是缺乏知识,而是到了某个时刻想不起来应该用什么知识。而这种提前的设想,就可以让你形成一种"自动触发",到了某个问题,就可以立马想到相应的知识。就像熟练的司机开车遇到突发状况的时候,不用思考也知道松油门踩刹车踩离合——这些知识已经形成了"自动触发",很容易被应用。

3.好奇心的重要性

经常有人问我"你是如何构建知识体系的",写出来后,我却发现原来如此简单:

建立知识之间的联系——看到知识后问自己:还有什么现象可以被这个知识解释?还有呢?还有呢……

构思知识的多种用法——问自己:这个知识可以用于做哪些事?还有呢?还有呢……

探索事物背后的原因——遇到反常或者有趣的事情,问自己:为什么会这样?有什么理论或者知识可以解释?有哪些相似的事件?

我知道很多人会不喜欢这个答案,他们更加期待的是具体的一套工具,但是我提供的是一种"无法看了就会"的方法。这种方法就像"俯卧撑训练技巧"一样,无法让你看到之后就能增长胸肌,非得自己付出大量的努力来训练才行。

实际上,洞察力、知识网络化等能力增长的确跟肌肉增长原理差不多。肌肉增长需要大量的刻意训练来刺激肌纤维的生长,而洞察力等能力也需要大量的思考、练习和探究,来刺激新的大脑神经突触的增长。

所以,如何构建庞大的知识网络?并不是要单纯多看书多接触世界就行了,而是有"好奇心",总是想建立联系,想用知识提升现在的工作,想问"为什么"。

(选自《意林·作文素材》2019年第4期)

【适用话题】洞见力;学习方式;知识体系

"意林体" 金素材 | 智慧

大二男生从上海坐公交到北京：
在最有"人味"的地方克服物化

□口述／唐同学　撰文／罗晓兰

这5天6夜的行程，我提前花了五六天才把线路做好。从市到县到镇，逐步缩小去查，一点点串联起来。每一天，我在公交车上要度过10多个小时。每天22点睡，早上5点起床，早餐和午饭都吃压缩饼干和牛奶。为了不闷脚，我一直穿一双拖鞋。这一路基本坐的公交车，因为一些特殊原因，坐了3次三轮车，打了3次车。纯粹依靠市域公共交通，走了将近2000公里，这样的体验别的国家几乎没有，在国内也只有华东可以做到。从南到北，建筑风格、地域风貌逐渐发生变化，城乡差异也体现出来。

上海的公交车很平稳，用普通话、上海话和英语报站，车上的线路图是电子的。微风拂面，车厢里飘着淡淡的皮革气味。车上多是年轻的上班族，打扮新潮。都市是陌生人社会，公交车内几乎零交流，有乘客在补觉，更多的在玩手机。

一路往北，公交车经过乡间的小路，晃晃悠悠。有的车地板破损，座位破破烂烂，椅套发黄。很多城乡公交车由私人承包，司机不穿制服，不能刷公交卡，放一个二维码，或是放一个铁盆子给你投钱。车内座位背后夹着纸片，家具城、辅导班、男科医院广告等不一而足。乘客谈论最近的农忙，说自己在哪里买了一条裤子，物美价廉。他们对陌生人更热情和好奇，问我从哪过来的，准备到哪去，路上花了多少时间。看我在拍摄，有些司机问我的身份，但从没有人阻拦我。

我最难忘的是那段苏鲁跨省的路程。我们蹲在三轮货车的后斗上，像逃荒一样。车子很颠簸，引擎声嘈杂，风吹得我们头发都飞了起来，特别冷。那天是雷暴天气，天上没有星星，我看着路灯的光慢慢地飘过去，想着离山东又近了一步。很快到了省界，完全黑了，也没有灯。当时还没吃晚饭，很饿。同行的还有一家三口和一位老奶奶，时间太晚，没车过省境了，大家碰到了一起，求助一个居民开货车送我们。

上一趟公交车坐的是徐州88路。车上挤了七八十名乘客，我站在车厢前部，足不点地。车正开着，一名女乘客和售票员起了争执，因为售票员对她二次查票。两人用方言吵了20多分钟，后来司机师傅把车停下报警。警察来调解，发现女乘客之前说自己是孕妇，其实不是，她面子上挂不住，就下车了。她是想换取自己话语上的一种优势，这是市井中很常见的一种做法。

耽误了近半个小时，让我意外的是大家没有很烦躁，也不骂人，好像是日常生活里的一部分。我一开始觉得无所谓，后来我转念一想，别人是正儿八经要回家，如果我是他们，我还能保持这样从容的心态吗？这一路上，我经常有这样的反思。

下了三轮货车，到韩庄镇时，一下子亮了。住户基本关门了，一些超市、饭店和宾馆还开着。我走在路上找旅馆，余光瞟到马路对面的一个身影，穿着黄色制服的清洁工，弯着腰翻动着垃圾桶。我站在那里拍了半分钟左右，心里想，人与人之间差距为何这样大？为什么他/她就必须做这样的工作？路上的见闻都给我烟火气的感觉。

我今年20岁，是华东理工大学一名大二学生，读化工专业，但我从小就对地理特别感兴趣。坐公交车能让我有切实的体会，看着从小听惯的名词出现在眼前，感受到国家的辽阔和历史的发展。一路上，听到的口音从吴语到江淮官话、中原官话、冀鲁官话再到北京话，你就能很直观地体会到我们的国家到底多大。

我来自四川绵阳一个普通家庭，住在城中村的自建房里，左邻右舍都是普通人。早上5点，中年男性的大卡车轰鸣，他要跑货运给妻子挣药钱。5点30分，失聪老人在清理垃圾，锈烂了的垃圾车吱吱呀呀响。6点，废品收购处在"砰砰砰"地敲废铁……而我却可以安睡到8点，不用起床挣生活。这些人是我生活的一部分，我不是在"观察"他们，这个词太傲慢了。我现在不用劳动就能获得安逸的生活，我自认为跟我的努力没有很大关系。

我怕有一天，我认为这一切都是理所应当的。校园生活单纯美好，毛（刷）一下绩点，课后上上网，看看动画片，周围同学光鲜亮丽，还有同学开着特斯拉上学，就停在我们宿舍楼下。在里面待久了，都不接地气了，慢慢地丧失了对社会的敏感性和理解他人的能力，用四川话讲就是晓不得自己姓啥子了。所以我喜欢坐公交车。

父母知道我此次的旅行，一开始担心我的安全，后来为我感到自豪。他们对我的期望首先是成为一个正直的人。我的家庭条件是父母从零到有积攒出来的，房子都是父亲亲手盖的。我读高中时，父母会叫我一起给花园搬砖砌墙。一家人外出，看到一些工种辛苦的工作，父母会指给我看，回忆以往的艰苦经历，征求我的反馈。

在上海这种巨型城市里，我觉得很多人都被异化成了工具，像活在一个机器的社会里，人情味太淡了。在我看来，人文关怀就是人性的回归，不把别人当成工具，也不去物化自己，人不会因为身份地位不同被区别对待。公交车不怎么考虑盈利，而是把尽可能多的人接入现代社会，让更多的人享受到城市化和工业化的便利，这是最现实的人文关怀。

中国人很少不被"鸡娃"的。我也是很普通的一个人，我选择的赛道和大部分人一样，生活目标就是上课，为取得相对好的成绩去奋斗。但我想在这条路上行走时，往周边看两眼。比起花90%的功夫获得90%的成绩，我更愿意拿60%的精力换取70%~80%的收获，剩下的40%留给自己和生活。

（选自《意林·作文素材》2021年第14期）

【适用话题】勇敢；挑战；人文关怀

联合国的中国女孩：幸好，我没有错过非洲

□陈 皓

今年是我在肯尼亚常驻的第七年。很多人听到我在非洲工作，都会问我："你怎么在那儿工作？"大家想到非洲，脑海中可能浮现的是贫穷、饥饿、疾病，甚至是犯罪。而我所经历的非洲，是辽阔的草原、人们的热情和这片大陆无穷无尽的活力。

2011年秋天，还是联合国实习生的我，在梅地亚中心二楼，戴着蓝牙耳机，正在协助办一场新闻发布会的时候，接到一个陌生来电："喂，请问是陈皓吗？我是你联合国环境署总部的同事，请问你有没有兴趣来内罗毕（总部）工作？"我心中一万个yes（是的）飘过。短短的六个月一晃就到期了。这时候，又一扇门朝我打开，环境署新闻办公室的主任邀请我加入他的团队。

在做新闻官的那四年，我被赋予了更为重要的职责。那几年，非洲大象的数目急剧下降，而主要原因是象牙消费市场庞大，获取象牙的主要手段是偷猎、杀死大象。我们和国际刑警组织一起，将科学的数据转化为政策建议，呼吁成员国打击非法贸易，也针对民众开展了密集的宣传，呼吁他们改变消费野生动植物制品的习惯。

2013年，我们邀请环境署亲善大使李冰冰来到肯尼亚。我们带她去看了失去妈妈的小象孤儿，她特别开心，欢呼雀跃着和小象们打成一片。但就在第二天，我们一行人穿越桑布鲁保护区，在一棵树下看到了一头被毒箭射死的大象。象牙的30%~40%的根部在大象的头骨里，因为是最粗壮最有分量的部分，也直接关系到未来在市场上的销售价格。盗猎者往往为了获取整根象牙而将大象的面部切开。在我们面前的这头成年母象，它的面部被整齐地切开，无数苍蝇前赴后继地奔向它的尸体，李冰冰站在离它不到一米远的地方哭了。

我们在保护区的最后一晚，桑布鲁人为我们在干涸的河床上搭起了篝火，四周用火把守着，当地的女孩为我们唱起了歌。从小象孤儿到野生象群，再到目睹大象的残骸，这三天的实地考察虽然很短暂，但接下来的几年，李冰冰一直和我们一起，为保护非洲大象极力发声。

2017年，我加入了新上任的执行主任的团队，负责亚太和中东的政策建议。

这两年来，我也见证了中国的环境保护为国际产业格局带来连锁反应。2017年12月，联合国"地球卫士奖"颁给了塞罕坝林场三代守林、造林人。他们把种树和治沙当作信仰，徒手建设林场六十年，将昔日飞鸟不栖、黄沙漫天的荒原变成了世界上最大的人工林海。

我所去过的很多国家，主政官员、老百姓的呼声其实都大同小异。他们渴望更好的发展，更高的生活质量和更干净的水、空气和土壤。我和同事处在如此幸运的时代，人们对健康地球的诉求赋予了这段环境外交事业日新月异的内涵。没有错过摆在联合国面前的时代车轮，是我们的小幸运。在最好的时代，我想成为更好的自己，用生命力、经历和定力去换取属于我自己的人生。

（选自《意林·作文素材》2018年第21期）

【适用话题】环境；视野；责任；个人与时代

"90后"庄妃：
青春遇见戏，传统"活"起来

□蒋肖斌　林　沐

林曦蕾刚开始做主播时，父亲很疑惑："你在玩什么游戏？"她解释："我是直播唱戏。"最初，父亲总是趁她直播时瞄几眼，直到听到女儿在镜头前说出"庄妃，把传统的艺术带给大家"时，才慢慢放下心来；后来，干脆在旁边看女儿直播。

粉丝们更熟悉的是"庄妃"，那是林曦蕾的艺名。受到作为广东粤剧南派艺术传承人的父亲的影响，"庄妃"五六岁时就走上学艺之路。现在，她是一名粤剧演员。更让观众新鲜的是，她还会川剧中的"变脸"绝技，"川剧变脸向来传男不传女，我的恩师教我时已经92岁高龄，我不敢忝列弟子排行，但的确是少有的女子变脸演员"。

在2019年第二届中国网络表演（直播）行业高峰论坛上，"庄妃"坦言，从她的老师、师哥师姐，再到她自己，每天都在忧虑：我的观众在哪里？2016年，她无意中接触了直播平台，看到数字惊人的观众量后，突然意识到，"传统的剧场只能容纳一千人，直播平台可以容纳无数人，宣传速度也是极快的。我觉得，中国传统的戏曲文化是时候与网络接轨了"。

然而，直播之路并非一帆风顺，除了对着摄像头表演的不适应，摆在"庄妃"面前的一个直接难题就是，怎么把观众吸引到自己的直播间里来？

起名"庄妃"是"希望让观众联想到那位从家庭到事业都很成功的古代奇女子"。但这只是表面功夫，让"庄妃"一直走下去的方法是"结合"。

比如，她特意为网友创编了"莲花手指舞"，将戏曲中的兰花指、兰花手、兰花拳、兰花掌，与摄像头的特效结合起来。她充分发挥自己的专业，用戏曲的调门唱起流行歌曲，用戏曲的念白和板腔来段说唱。

变脸的道具准备起来比较烦琐，但为了吸引观众，"庄妃"愿意花时间去准备。在表演变脸时，她还用画外音为大家普及有关变脸的知识。有一次，当画外音介绍到"变脸最难的就是咬扇变脸"时，"庄妃"干脆就演示了一段。她用这种方式带着观众不只是看热闹，还能看门道。

作为一名有7万多名粉丝关注的主播，粉丝数量对"庄妃"来说具有更特别的意义。"越高的人气越说明我没选错路,也越能证明传统戏曲不是只能出现在剧场,还能出现在没有准入门槛的直播间内。""庄妃"所在的酷狗直播曾为主播们提供一次赴韩培训的机会,人选必须由观众投票选出。众主播中"庄妃"的票数曾冲到第一名,成功被"pick(挑选)"出道。

如今,"庄妃"不再只是做直播间里戏曲的代言人。2019年春节,她走进广州花市,在直播中为网友们展示了广州榄雕(广东传统微雕工艺)和广绣的精湛技艺,还在现场与多位非遗传承人互动,用自己的人气反哺其他传统文化。"传统戏曲不是阳春白雪,不是高不可攀的,不是买了票坐在剧场里才能观赏。戏曲能出现在直播间里,大伙儿一起看,一起聊。"

(选自《意林·作文素材》2019年第9期)

【适用话题】与时俱进;传承传统文化

中高考金牌素材

唐朝人真不能随意宰牛吃肉吗

□邱俊霖

"烹羊宰牛且为乐，会须一饮三百杯。"李白在《将进酒》里如是写道。但《唐律疏议》规定："主自杀马牛者，徒一年。"倘若李白真要宰牛吃肉助兴，那他所宰之牛必须向官府报备走流程，经检验确认此牛已无劳动能力之后方可宰杀，否则便不合唐律了。

中国人驯化野牛最少有五千年的历史了，商朝时养牛业便很发达，牛肉也是商朝百姓的主要肉食之一。相传姜子牙未出山前曾在商朝首都朝歌屠牛卖肉为生，"屠牛朝歌"遂被后人用来比喻怀才不遇。然而，随着铁质农具的普及，牛成为农耕社会的重要生产力。自秦汉之后，历代统治者都明令禁止私自屠牛。到了唐代，吃牛肉的风气却颇为盛行。

对普通百姓来说，平时也舍不得屠牛，但牛没有劳动能力之后，将其屠宰则是大概率事件。刘禹锡曾写过一篇《叹牛》，说在郊外碰见一位牵着瘸牛去宰杀的老人。刘禹锡劝老人将牛放生，但老人说："这头牛能耕田时，我绝对不会宰，这不是爱它，而是靠它种庄稼；现在我要杀它，也不是恨它，而是要用它的皮和肉换钱，你凭什么干预呢？"

因此，唐朝人能吃到牛肉也并非稀罕事，"诗圣"杜甫还吃到过别人赠送的牛肉。《新唐书·杜甫传》载：杜甫晚年贫病交加，流寓于一条小船上，漂流到耒阳遇洪水被困，饿了好几天没饭吃。耒阳县令很崇拜杜甫，便派人将他接来并赠予酒和牛肉，极度饥饿的杜甫吃了酒和牛肉，大醉，当晚便卒了。有人认为杜甫是"饱死"的，但后来的韩愈表示怀疑，他写道："当时处处多白酒，牛肉如今家家有。饮酒食肉今如此，何故常人无饱死？"

牛肉"家家有"，要满足这么多人的口腹之欲，非法屠牛现象恐怕并非个案。唐代画家韩滉画过一幅《五牛图》，他爱牛，并走至极端。韩滉在地方为官时严厉禁止屠宰耕牛，当时有人

素材"巧遇"中高考

2021年中考四川遂宁卷作文：
牛

"巧遇"指数

违反政令，结果获死罪处死的有数十上百人，他任职的属地内人心惶惶。仅仅是"屠牛"案件，便牵连如此之广，可见私自屠牛现象在当时确实普遍存在。

唐朝的屠牛乱象延续到了五代十国时期，清初吴任臣的《十国春秋胡进思传》里提到了个故事，当时吴越国境内有人私自屠牛被逮捕，地方官上报查获非法牛肉上千斤。吴越王钱弘倧听了，便问当时的权臣胡进思："一头成年牛有多少斤肉？"胡进思说："不过三百斤。"吴越王说："看来底下的官吏在撒谎。"但回过头来又觉得奇怪："你怎么知道一头牛有多少斤肉呢？"胡进思答道："臣年轻的时候曾以屠牛为生！"

这真是一场尴尬的对话，历朝历代都禁止私自宰牛，但当朝大臣曾以屠牛为业，的确是很讽刺的事情。然而，话说回来，胡进思晚唐时便已活跃于官场，他要以屠牛为生的年代自然是在此之前。

如此看来，唐宣宗那略显苍白的屠牛禁令显然没有收获什么效果，即便是天下安定时期，唐代的私自屠牛之风尚且无法刹住，何况到了晚唐时期军阀林立，朝廷式微，屠牛禁令也就成为一纸空文。

（选自《意林·作文素材》2021年第12期）

【适用话题】律法与民生；物尽其用

我们有汉字,所以我们幸运

□林少华

无须说,中国传统文化最重要的载体就是汉字。没有汉字,就没有《诗经》中的"窈窕淑女",没有文采斐然的诸子百家,没有《史记》之千古绝唱,没有楚辞汉赋,没有唐诗宋词,没有《红楼梦》。一句话,没有汉字,等于什么也没有!记得二十多年前我在日本一所大学任教的时候,一位日本同事对我说,中华民族或者中国版图之所以没有像欧洲后来那样变得四分五裂小国林立,其实是汉字的功劳。对了,这位日本同事姓秦,带学生来中国学汉语汉字的时候,每次自我介绍都宣称自己是统一汉字——没说统一中国——的秦始皇的后代,因避楚汉之争而偷渡日本。

至于他是否真是秦始皇的后代,自然无从考证,但他说的汉字功劳之大我完全认同。在这个意义上,可以说,创造吾国历史的,不是人民,不是帝王,而是汉字。入主中原的清王朝统治者,堪称以少胜多的千古枭雄,却也只能让汉人象征性地剃去头发,并不敢剔除汉字——不得不在汉字面前俯首称臣,而最终自己也被彻底汉化,乾隆本人还以身作则地作了几万首并不很差的汉诗。须知,古往今来,不知有多少字、多少语言文化由于强虏入侵而消失在历史的迷雾之中,唯独汉字及其承载的汉文化一脉相承绵延至今!我不止一次对研究生们说:至今我们还能够同历史上的老子、孔子、李白、杜甫等民族先贤直接对话,能够看到他们的音容笑貌,能够感受他们的呼吸、心跳和喜怒哀乐,完全是由于汉字的"万世一系"。而这是多么幸运的事情啊!因此,对汉字无论怎么珍惜都不过分。

令人惋惜的是,这样的汉字正在遭受图像媒体的百般欺凌。喏,你看那图像,忽而直角忽而立体忽而数码忽而三维,越来越冶艳,越来越逼真,越来越凶猛,变着法子压迫只有偏旁部首的汉字的生存空间。然而至少有一点是图像所无法取代的,那就是:汉字所唤起的是最具个人风格的内心视像、是不受任何技术制约的想象力。举个简单的例子,图像呈现的任何一版林黛玉,都不可能有汉字赋予的你心目中的林黛玉那般凄美动人,对吧?不仅如此,汉字还带给你形而上的深刻与浩瀚,带给你同上天对话的才学与能力——汉字是一个个神奇的精灵,是天人之际的使者。

(选自《意林·作文素材》2014年第1期)

【适用话题】文化的载体;传承的桥梁

中高考"黑马"素材

宋朝"艺考",要惟妙惟肖还要不落俗套

□袁凤

2019年2月13日,山东艺考拉开帷幕,近万人同场作画的场面堪比春运火车站候车大厅。有趣的是,早在900多年前的北宋时期,宋徽宗赵佶就开了"艺考"的先河。虽然如今的艺考与那时的艺术考试在内容和形式上有很大区别,但其目的是一样的:促进艺术的发展。

北宋的绘画艺术在宋徽宗时期达到高峰。宋徽宗在位时,广收古物和书画,他还在宫中专门设立了御前书画所,由著名书画家米芾等人掌管,里面收藏了数以千万计的珍品。为便于保存,他把收集到的书法名画重新装裱,亲自题写标签,后世称为"宣和装"。他还命人将历代著名书法家、画家的资料加以记录整理,并附上宫中所藏的名家作品的目录,编辑成《宣和书谱》《宣和画谱》《宣和博古图》等书,对绘画艺术有很大的推动和倡导作用。

把绘画列入科举制度和学校制度,首创艺术考试,也是宋徽宗的一大创举。1104年,宋徽宗设立画学,即现在的美术专业学校,正式将绘画纳入"高考"科目,以招揽天下画家。他将美术考试分为佛道、人物、山水、鸟兽、花竹、屋木六科,并亲自主持当时的美术考试,以文人诗句来命题,要求考生画出这些诗句的意境,看看谁的构思巧妙,不落俗套。

有一次,宋徽宗以"竹锁桥边卖酒家"作为美术考试的题目,让考生来画。许多考生都画了酒店,而以小桥、流水、竹林作为陪衬,没有表现出"锁"字的意境。只有李唐独出心裁,画了一湾清清的流水,一座小桥横架于水上,桥畔岸边,在一抹青翠的竹林中,斜挑出一幅酒帘,迎风招展。李唐这幅画虽然并未画出酒家,但他很好地表现出了酒家被竹林遮挡的"锁"字的意境,被宋徽宗评为这次考试的第一名,并录入图画院,后来李唐也成为北宋的著名画家。

不过,也有"砸场"的时候。有一次,宋徽宗以"万年枝上太平雀"为题选画师,考生们都不解其意,结果无人中选。后来内侍解释说:"万年枝,冬青木也;太平雀,频伽鸟(梵语妙音鸟)也。"

当时凡是被录取进入画院的画家,除了学习绘画外,还兼习《说文》《尔雅》《方言》《释名》等其他课程。画院将学生分为"士流"与"杂流",前者须选习一大经一小经,后者则背诵小经或读律。宋徽宗这样进行美术考试,有利于培养画家的艺术想象力和创作技巧。宋徽宗对绘画的重视,激发出美术创作的繁荣局面,一大批优秀的画家脱颖而出。

(选自《意林·作文素材》2019年第11期)

【适用话题】人才选拔;艺术教育

金素材 | 国潮

30岁前的孔子在干些什么

□吴 鹏

9月28日是孔子诞辰日,圣人平生功业,如古人所言,"天不生仲尼,万古长如夜"。青年时代的孔子为国为民的家国情怀已经生根发芽,知其不可为而为之的责任担当亦已在肩。

并不幸福的原生家庭

孔子的祖上本是宋国王室,后家道中落迁至鲁国。父亲叔梁纥以勇猛善战闻名于诸侯之间;母亲颜征在是叔梁纥的第二任妻子,比叔梁纥小40多岁;其家族是曲阜大姓,故孔子家庭应属当地的上流阶层。孔子3岁时,父亲去世。母亲颜征在为躲避与叔梁纥前妻施氏的复杂家庭矛盾,带着孔子搬到鲁国国都曲阜城内居住。

虽然是单亲家庭,但母亲尽力给孔子创造一个良好的成长环境,根据孔子的天性因材施教。据司马迁《史记·孔子世家》记载,孔子幼年爱好与众不同,"为儿嬉戏,常陈俎豆,设礼容",他不似一般儿童那样喜欢玩耍,而是爱好摆弄祭祀、宴会时用以摆放祭品的方形和圆形俎豆等礼器,将其按照礼仪制度摆放,然后练习磕头行礼。在当时的政治文化中,是否通晓礼仪是区分贵族和平民的重要标志。据清人郑环的《孔子世家考》,颜征在观察到儿子在礼仪学习方面的兴趣和天赋后,就"豫市礼器,以供嬉戏",为孔子购买标准制式的礼器,让他学习礼仪制度,使之成为将来摆脱家庭地位颓势、重返贵族阶层的阶梯。

曾被权贵当众羞辱

孔子十六七岁时,母亲颜征在因操劳过度,在30多岁的盛年与世长辞。据《史记·孔子世家》记载,孔子母亲去世不久,当时鲁国权势最大的贵族季孙氏,大开宴席"飨士",请"士"及以上贵族赴宴参会。孔子欣然"与往"。不料却被季孙氏家臣阳货拦下,遭到呵斥,"季氏飨士,非敢飨子也",季家今天是宴请贵族名流,并不是要请你孔子。阳货此话,等于代表季家将孔子开除出贵族行列。阳货的傲慢杀不死孔子,重振家声的使命在召唤他。

据《史记·孔子世家》和《孟子·万章下》记载,当年"贫且贱"的孔子为了谋生不得不向垄断鲁国大部分产业的季家低头。孔子曾经为季孙氏做过"委吏",职责是管理仓库,料量升斗,会计出纳。后来又做"司职吏",即"乘田",管理牛羊畜牧事务。孔子深知，无论管理仓库还是畜牧牛羊，都只能解决基本的生存问题，他还得掌握更多技艺，以求进一步发展。

在平凡岗位上兢兢业业

在当时的贵族教育体系和政治社交礼仪中，士要具备"六艺"，即礼（礼仪）、乐（音乐）、射（射箭）、御（驾车）、书（书法）、数（计算）六种技艺。孔子在幼年时期就已经打下礼仪的基础，管理仓库时又发展了"数"的技艺，后来又通过自学和向人求教，相继掌握了其他四艺。尽管"六艺"俱通，孔子却相当谦虚。国君器重，国人看重，孔子前程一片大好之时，却选择了一条少有人走的路。孔子15岁"志于学"，在此前所学只是为稻粱谋、为一己一家生计，是为"小人儒"，学习"六艺"只是谋生进身之途。此后，孔子要做"君子儒"，将对"六艺"具体技巧的学习，上升到探求其渊源流变、是非得失和意义所在，以超越时代、会通古今。他向鲁国乐官师襄学琴，从《文王操》乐曲中体察周文王的为人风貌和济世情怀。孔子的学问目的逐渐变成以明道、行道为操守，以天下苍生为己任，以江湖庙堂为依归。据《论语·八佾》记载，大家原本以为孔子是礼仪制度的权威，可他进入太庙后什么事都要问别人。孔子言道："是礼也"，遇事不懂就问才是"礼"，才合乎"知之为知之，不知为不知"的学问态度。当然，也有钱穆等学者认为这段对话是孔子用反问语气讽刺鲁国太庙很多祭祀活动不符合真正的礼仪，用故意向别人求教的方式，唤醒人们对太庙非"礼"行为的注意。

创办平民教育，抱定一生志向

孔子在求学的过程中推己及人，开始关心底层百姓的教育问题。他作为最低等的贵族"士"，遇有疑难可向郯子、师襄、老子等人请教解惑，但在当时"学在官府"、贵族垄断学术文化的教育格局中，平民子弟并无接受教育的机会。30岁的孔子决心改变这种不公平局面，创办私学，授徒设教，以"有教无类"的理念广泛招收平民子弟入学，打破了日渐没落的贵族在教育问题上建立的护城河，由此成为中国历史上第一位职业教育家，被后世尊为至圣先师。创办平民教育的孔子，抱定一生志向，教人立身之道，培育家国情怀，子路、颜路、曾点等早期弟子相继投奔而来。鲁国贵族孟僖子也派两个儿子孟懿子、南宫敬叔拜孔子为师，向他学礼。

前方有星辰，眼中有光芒，心中有仁爱，脚下有长路。三十而立，逐步迈向40岁门槛的青年孔子已然不惑，已经有了面对未来一切未知、责难、不解的底气和坦然，即将"如日月之明"，照亮万古长夜。

（选自《意林·作文素材》2021年第24期）

【适用话题】家国情怀；责任担当；平民教育

国潮

鹦鹉：汉朝皇帝养不起的鸟

□安迪斯晨风

中国人跟鹦鹉结缘，可能已经有三四千年了。1976年以来，在著名的商代王后妇好墓中出土了大量玉器。其中跟鸟类形象有关的主要有两种：一种是商朝人最热爱的鸮（猫头鹰），另一种就是鹦鹉。其中最著名的就是那件藏于首都博物馆的"对尾鹦鹉玉佩"，其精美绝伦让人叹为观止。

古人很早就知道了鹦鹉可以学人说话，大约成书于战国时期的旷世奇书《山海经》中就有记载："黄山，无草木，多竹箭。……有鸟焉，其状如鸮，青羽赤喙，人舌能言，名曰鹦鹉。"青绿色的羽翼，鲜红的鸟喙，外加能学人说话的特征，跟现实中原产于我国的大绯胸鹦鹉吻合。

在古书中，"鹦鹉"有时也写作"䳵"，"婴"和"母"两个偏旁可能是这种鸟儿能学人说话的象征，就像婴儿跟随母亲学说话一样。大约成书于西汉的《礼记》中，同样提到了鹦鹉："鹦鹉能言，不离飞鸟，猩猩能言，不离禽兽。"可见，至少在当时，鹦鹉会学人说话这个概念已经在古人心目中根深蒂固了。

中国历史上关于鹦鹉最早的确切文字记载是东汉末年汉献帝当政的时候，《后汉书》中记载，兴平元年，益州（今四川）的"蛮夷"给朝廷进贡了三只鹦鹉，它们虽然很可爱，但是每天都要吃掉三升麻子（古代的一种粮食），连皇帝都养不起了。

东汉末年的名士、《三国演义》中的祢衡也是见过鹦鹉的，也正是他写下了历史上第一篇和鹦鹉有关的文学作品——《鹦鹉赋》。在开篇的序中，祢衡说，他老板黄祖的儿子得了一只名贵的鹦鹉，那它是从哪里来的呢？"惟西域之灵鸟兮，挺自然之奇姿。"可见，东汉时期，鹦鹉主要是从西南方位的四川、云南等地区进贡的。祢衡的这篇赋当然不仅仅是为了写鹦鹉，文中赞颂鹦鹉的词句"性辩慧而能言兮，才聪明以识机"所指的正是他自己。而这只鹦鹉被关在雕花的笼子里，翅羽也被剪去，又漂流到了万里之外，多么孤单寂寞冷！实际上也是祢衡在感慨自己怀才不遇。

鹦鹉作为中国文化的一部分，历史悠久，文化内涵丰富。随着时代的变迁，鹦鹉的形象也在不断地演变。到了现代，随着生态环境的变化，鹦鹉的数量逐渐减少。人们应该重视对野生鹦鹉的生态保护，努力让这一美丽的物种得到保护和延续。

（选自《意林·作文素材》2023年第7期）

【适用话题】传统文化；文化符号；人与自然

中高考金牌素材

余华：带着问题去学写作

□余 华

上个月，有位朋友发给我亨利·希金斯写的一篇文章，"你想知道生活有多粗俗吗？不妨读读《尤利西斯》。"亨利·希金斯把乔伊斯的这部文学研究者认为的神作说成一部粗俗的生活之书。我觉得这篇文章很有趣，就发给了几名学生，我们在微信里讨论了一下，几名学生都说《尤利西斯》没读完，我说不用从头到尾去读《尤利西斯》，从任何地方翻开来读几页，看看乔伊斯的细节描写就可以了，这是乔伊斯了不起的地方，比如他写一个人从马车里出来，会有三个动作，先是用手推一下，再用胳膊去撞，最后是一脚踹开。乔伊斯故意让车门坏了，这样就可以写这三个动作。

再说一个乔伊斯的故事，这是一个向生活学习的故事。有个青年作家写了一篇短篇小说，去向乔伊斯请教，乔伊斯读完后很欣赏，说里面有一个细节写得好。一个神甫和相恋的女子久别重逢，神甫风尘仆仆地来到女子面前，两个人不是马上就拥抱，女子先是虔诚地吻了神甫胸前的十字架，然后才是拥抱。乔伊斯对这个细节的赞赏让青年作家很高兴，他说这篇小说也给他所租住公寓的女佣读了，女佣的意见与乔伊斯相左，说这个细节写得不够好，神甫风尘仆仆地赶来，十字架上会有尘土，女子在吻十字架前应该先是虔诚地擦去上面的尘土。乔伊斯听后说，你别跟我学了，你应该去向那个女佣学习如何写小说。

努力学习很重要，善于学习更重要。文学作品浩如烟海，即使是经典作品，也是一生都读不完的。你千辛万苦从头到尾读完《尤利西斯》，你所花去的时间和精力可以让你读完同样厚的十本书，所以不同的书要用不同的方法去读。

带着问题去学，这个很重要。泛泛而学所学到的很容易忘掉，带着问题去学，当问题解决之后，所学到的也不会忘掉。我的意思不是没有问题就不去学习，不是等着问题从天上掉下来再去学习，一个对事物敏感的人，一个勤于思考的人，问题就会层出不穷。带着问题去学，这里所说的问题不是睡眼惺忪等来的，是勤奋好学争取过来的。

再回到《尤利西斯》，如果你喜爱写作，《尤利西斯》是必读书，可是读不下去怎么办？简单有效的方法就是跳跃着去读。如果你想去《尤利西斯》里学习如何写故事，你找错书了；如果你想去《尤利西斯》里学习如何描写细节，你找对书了。这就是带着问题去学。

（选自《意林·作文素材》2021年第12期）

【适用话题】善于思考；发现问题

中高考"黑马"素材

老舍：我怎样写小说

□ 老 舍

大多数的小说里都有一个故事，所以我们想要写小说，似乎也该先找个故事。找什么样子的故事呢？从我们读过的小说来看，什么故事都可以用。恋爱的故事、冒险的故事固然可以利用，就是说鬼说狐也可以。故事多得很，我们无须发愁。

不过，在说鬼狐的故事里，自古至今都是把鬼狐处理得像活人；即使专以恐怖为目的，作者所想要恐吓的也还是人。由此可见，小说是人类对自己的关心，是人类社会的自觉，是人类生活经验的记录。那么，当我们选择故事的时候，就应当估计这故事在人生上有什么价值，有什么启示。

依着上述的原则去选择故事，据我看，应当先选取简单平凡的。故事简单，人物自然不会很多，把一两个人物写好，当然是比写二三十个人而没有一个成功的强多了。创造人物是小说家的第一项任务。把一件复杂热闹的事写得很清楚，而没有创造出人来，那至多也不过是一篇优秀的报告，并不能成为小说。因此，我说，应当先写简单的故事，好多注意到人物的创造。

我说写小说应先选择个故事。这也许小小的有点语病，因为在事实上，我们写小说的动机，有时候不是源于有个故事，而是有一个或几个人。不过，不论是先有故事，还是先有人物，人与事总是分不开的。我们一想到故事，恐怕也就想到了人，一想到人，也就想到了事。人与事都不过是我们的参考资料，须由我们调动运用之后才成为小说。

比方说，我们今天听到了一个故事，其中的主人翁是一个青年人。可是经我们考虑过后，我们觉得设若主人翁是个老年人，或者就能给这故事以更大的感动力；那么，我们就不妨替它改动一番。以此类推，我们可以任意改变故事或人物的一切。

遇到一个故事，我们须亲自在那件事里旅行一次，不要急着忙着去写。旅行过了，我们就能发现它有许多不圆满的地方，须由我们补充。同时，我们也感觉到其中有许多事情是我们不熟悉或不知道的。我们要述说一个英雄，却未必不教英雄的一把手枪给难住。那就该赶紧去设法明白手枪，别无办法。一个小说家是人生经验的百货店，货越充实，生意才越兴旺。

旅行之后，看出哪里该添补，哪里该打听，我们还要再进一步，去认真地扮作故事中的人，设身处地地去想象每个人的一切。我们知道十分，才能写出相当好的一分。小说是酒精，不是掺了水的酒。大至历史、民族、社会、文化，小至职业、相貌、习惯，都须想过，我们对一个人的描画才能简单而精确地写出。

对于说话、风景，也都是如此。小说中人物的话语要一方面负着故事发展的责任，另一方面也是人格的表现。我们替他说一句话，正像社会上某种人遇到某种事必然说的那一句。这样的一句话，有时候是极平凡的，而永远是动人的。我们写风景也并不是专为了美，而是为加重故事的情调。小说中一草一木一虫一鸟都须有它存在的意义。一个迷信神鬼的人，听了一声鸦啼，便要不快。一个多感的人看见一片落叶，便要落泪。明乎此，我们才能随时随地搜取材料，准备应用。

以上所言，系对小说中故事、人物、风景等作个笼统的报告，以时间的限制不能分项详陈。设若有人问我，照你所讲，小说似乎很难写了？我要回答也许不是件极难的事，但是总不大容易吧！

（选自《意林·作文素材》2020年第18期）

【适用话题】写作技巧；材料选取

曹文轩：作文写不好是因为没生活？错

□曹文轩

许多老师，也包括家长认为，孩子的作文写不好，是因为没有生活！这种观点是错误的。不要总怀疑自己没生活，因为生活无处不在。你吃饭吗？你睡觉吗？你见过下雨前的蚂蚁在匆匆搭桥吗？你对你同桌的好分数嫉妒过吗？你被别人误解过吗？……你既然是个大活人，且又是一个天生爱动不肯安分的少年，就一定会有生活。

读书与写作在生活中无处不在，但是为什么孩子总觉得没什么好写的呢？实际上并不是没什么好写的，只是他们"觉得"没什么好写的。造成这种怪事的原因之一是：你不知道应该写的究竟是些什么。换句话说：你老想写一些不该写的东西。这种责任可能也不在孩子。因为大人总是在圈定，应该写的是什么，什么是不该写的东西。真正要学习写作，就必须有强烈的自我意识，有驾驭主题的自主权利，回到自身的生活，学会发现生活。

写作文自然要讲"立意"，但究竟要立什么意呢？难道就是那些虚幻的及任意拔高的思想和观点吗？你一入了这个道，就很快陷入了空白状态，觉得自己肚子里竟然没有一个人、一个故事，像只空罐儿。于是，你就使劲压挤，压挤了半天，也没有把一页纸写满。无奈之下，你就把早先在脑子里储存好了的落套的、毫无生气和趣味的东西写了下来。

那么，现在我们就来谈这所谓的"意义"。事情有无意义，并不在于事情的大小。可能还有这样的情况发生：许多小事情都包含很大的意义。

你顶着狂风暴雨给你的老师送雨伞（这雨伞当然是要送的），不就含了一个"师生情"的意义吗？然后，你坐下来再写一篇关于秋日落叶的作文。你可能觉得后者与前者在分量上不可相提并论。但是，你就没有发现后者含着"生命与死亡""生命是一个过程"等很有哲学意味的命题吗？何以见得那片落叶就比你那把雨伞（情节陈旧，还有点矫揉造作）分量轻呢？

还是老老实实不分巨细地写写你对事情的切身感受吧。写写春天天空中飘飞的柳絮，写写夏季蝉鸣闹得人不能入睡，写写秋日黄昏时的芦花如银狐的尾巴一般举在落日的背影之上，写写冬来时天地一片萧索的景象。

我一直有这样一种看法：青少年写作文，实际是对自己摹物状态的基本功的锻炼，这有点像学美术的，第一步先要学素描。

你还嫌弃你的那份生活吗？

（选自《意林·作文素材》2020年第10期）

【适用话题】发现生活；描写感受

"中国版东野圭吾"紫金陈：写小说是有技巧的

□紫金陈

我写每本书的时候，都觉得我技巧不错，但事后来看，都觉得去年的技巧太稚嫩了，我一直在实践中摸索总结更多的创作技巧。

所谓创作技巧，就是如何把一个故事讲得更有趣。一开始我总想着玩花哨的诡计，一个是脑洞大、新奇，一个是讲述角度巧妙，比如插叙、倒叙，结构性穿插来带起故事节奏，后来我写《坏小孩》和《长夜难明》这两本书时，有了新的感悟，我觉得技巧花哨与否都是次要的，关键是适合现在所讲的这个故事本身。

比如《坏小孩》，开头是结构性倒叙，其后全部平铺直叙，最后大反转，这本看起来没有技巧，因为没有设谜题，其实是用了极多的技巧的。所有的悬疑、推理等，不管你如何分类，吸引人看下去的悬念设置常规上是三类：谁干的，怎么干的，为什么干，也就是大家所说的人物、经过、动机。但我在设计《长夜难明》这个故事时，我发现还有一类悬念设置，那就是人物命运。

这本书有些读者说开头便开了上帝视角，没设任何悬念，根本不是推理小说。这本书看起来创作技巧为零，但其实技巧很丰富。我之所以在故事进行到四分之一时就开了上帝视角，常规的人物、经过、动机都放弃作为悬念引导，因为我设置了人物命运作为悬念点。以人物命运为悬念的效果，是胜过猜凶手、猜过程、猜动机的，但不是所有故事都能用，常规的还是要在三大要素里设置。

另外，我特别提一点，悬疑推理小说就是靠悬念推动这条规则，大多数作者应该都清楚，但很多人不知道该怎么设。是悬念越多越好，还是悬念越少越好，抑或是折中呢？

我的经验是，通常来说，悬念越少越好，越少才能让读者聚焦，你各种设置悬念，初看很有意思，故事很悬妙，但过不了多久读者就会心理疲惫，看得一头雾水，你们看看一些电影的悬疑烂片，想想你是为何中间放弃的，道理如出一辙。尽量把读者的关注点聚焦，别让读者猜太多的事，大家都很忙的，谁有心思猜你搞的各种诡计啊？只要设置一个主悬念，其他能尽早解释就尽早解释吧。

再者，情节构思中如何推进剧情呢？

一般故事总是先设好一个大框架，再从头开始写，但比如我写好开头后，剧情如何推进才能往我想要的方向走呢？方法是通用的，那就是设置好条件。比如女主遇到威胁，需要手机报警，可是如果她用手机报警了，警察一来后面的故事就没法发展了，那你就得在情节设置上逼迫她没法报警，比方说此处没有手机信号，这种是万金油的烂理由了，不到万不得已建议大家别用这些烂大街的套路。你可以设置她手机掉了，她要拿回来，但怎么样让她拿不到手机，这就是剧情设计了。

最后，再提一点想到的，那就是悬疑推理小说，剧情中告别幻觉、人格分裂、被人催眠、被人心理控制。这些东西十年前你可以写，如今你再在这些万金油的圈里转，你的故事哪怕再好看，这理由也会被人无限吐槽。

（选自《意林·作文素材》2020年第16期）

【适用话题】写作技巧；善于总结

中高考金牌素材

重读《红楼梦》，我发现了贾政的良苦用心

□张宗子

（《红楼梦》中）贾政是很被诟病的人物，一直被视为颟顸（mān hān）凶暴的封建家长。他为人刻板，看不惯一切风流倜傥的行为。他不喜欢宝玉，就因为宝玉和他不是一路人。他喜欢长子贾珠，以贾珠的端重做参照，宝玉的女孩子气他厌恶，贾环的粗俗他也受不了。贾珠是长子，又不幸早逝，他的父爱深厚一些，是人之常情。

贾母偏爱宝玉，因此对贾政常常很不客气，甚至明确表示厌烦。这不仅让贾政处在尴尬的境地，而且心里痛苦，因为他是极为孝顺的人。凡是节庆饮宴的场合，贾母总是半道把他轰走，好让小辈们无拘无束。

第二十二回，写元宵猜灯谜，酒过三巡，贾母"便撵贾政去歇息。贾政亦知贾母之意，撵了自己去后，好让他们姊妹兄弟取乐的。贾政忙陪笑道：'今日原听见老太太这里大设春灯雅谜，故也备了彩礼酒席，特来入会。何疼孙子孙女之心，便不略赐以儿子半点？'"庚辰本（《脂砚斋重评石头记》）在此批道："贾政如此，余亦泪下。"贾母便提条件："你要猜谜时，我便说一个你猜，猜不着是要罚的。"打了个"猴子身轻站树梢"。贾政明知是荔枝，"便故意乱猜别的，罚了许多东西，然后方猜着，也得了贾母的东西。"等他出谜，先把谜底悄悄说与宝玉，宝玉再悄悄告诉贾母，贾母猜中，贾政乘机献上大盘小盘节日所用的新巧之物，逗得贾母大喜。

这些细腻的描写，不知别人如何，我一次次读过，虽不至于像脂砚斋（《脂砚斋重评石头记》）那样潸然泪下，却也心里感动。

第七十五回中秋赏月，击鼓传花说笑话，轮到贾政，所有人都觉得贾政说笑话简直是开天辟地以来最不可思议之事，结果他真的说了一个，而且效果不错。可见为了让老人家开心，

素材"巧遇"中高考
2021年中考四川遂宁卷作文题二：
重读＿＿＿＿这部书
"巧遇"指数

他用心良苦,私下里是做了一番努力的。

到第七十八回,老学士闲征姽婳(guǐ huà)词,讲到贾政的变化:"近日贾政年迈,名利大灰,然起初天性也是个诗酒放诞之人,因在子侄辈中,少不得规以正路。"

谁能想到贾政年轻时,诗酒放诞,竟然和宝玉一样!这句话以前一直没留心,如今读到,很觉触目。他也是被规以正路,才成为贾家文字辈中,唯一做了官而且被看作正派人的。

结合自己的经历,他最终明白,年轻时的放荡,并非十恶不赦,那也许是人生难以避免的一个弯路,聪明人尤其如此。但过而能改,善莫大焉。随着年迈,他对宝玉也能够体谅了:

"近见宝玉虽不读书,竟颇能解此,细评起来,也还不算十分玷辱了祖宗。就思及祖宗们,各各亦皆如此,虽有深精举业的,也不曾发迹过一个,看来此亦贾门之数。况母亲溺爱,遂也不强以举业逼他了。"

贾政和宝玉的关系,这是一个转折点。遗憾的是我们看不到曹雪芹所写的后数十回。贾府遭巨变,贾政和宝玉之间,肯定有更多的故事。同舟共济,相互理解,最后惨然长别。续书写宝玉身披大红猩猩毡,光头赤脚,在风雪中的清寂河边,跪拜船中的贾政,贾政不顾地滑,苦追不舍,最后"只见白茫茫一片旷野,并无一人"。情景交融,悲不自胜,很能得雪芹原意。

人读书,在经历了世事之后,原来不明白的地方,终于明白了,原来不留心的地方,发现有言外之意,对人物行为的认识,更是如此。把《红楼梦》重读一遍,每一回都有新的感受、新的认识。

(选自《意林·作文素材》2019年第22期)

【适用话题】 阅读感悟;历久弥新

余秋雨：阅读的最大理由是摆脱平庸

□余秋雨

01.年轻人要不要读书

我出生在一个偏僻的山村，这儿的人都不识字，妈妈从外面来了，她是这儿第一个识字的人，此后办起了识字班、学校，学校有个图书室，书不多，老师定下一个苛刻的制度，要写100个毛笔小楷才可借得一本书。读书使人认识了外面的世界，现在我们家乡已经很富裕。有人认为一个人的成功是靠社会关系、机遇、方向的正确选择，等等，我认为这些都是次要的，我觉得，很多时候是一个人偶然看到的几本书，从这些书中获得了力量，从而把他拉出了平庸。只要跨过山坡，人生就不一样了。

02.努力读一流的书

读书的横向并不重要，纵向才是重要的。所谓横向就是指各个专业，理工农医等；所谓纵向就是指梯度，所谓的一流、二流、三流。各学科的最高等级都是合在一起的。爱因斯坦去世前，有人问他感到最遗憾的是什么，他说的不是再也不能研究相对论了，而是说再也不能欣赏莫扎特的作品了。从事什么专业并不重要，关键是要找最高等级，要寻找"山顶"，"山顶"也许永远不会到达，但光辉会一直照耀着你！

03.看和自己有缘分的书

有人认为自己出生的地界、国家等会决定自己的喜好。这其实是错误的，出身并不决定你和什么有缘分，也就是和谁有同构关系。文学无国界，文学是不等同于社会学的天域。比如，安徒生是丹麦人，丹麦语也是一个小语种，但世界上很多人都喜欢他的作品。所以，你可能喜欢欧美的、日本的作家，也可能喜欢非洲的作家。在阅读中寻找和自己有同构关系的书，其实，也是在寻找自我。

04.阅读的最大理由是摆脱平庸

一个人如果在青年时期就开始平庸,那么今后要摆脱平庸十分困难。平庸是一种被动而又功利的谋生态度。平庸者什么也不缺少,只是无感于外部世界的精彩、人类历史的厚重、终极道义的神圣、生命含义的丰富。而他们失去的这一切,光凭一个人有限的人生经历是无法获得的,因此平庸的队伍总是相当庞大。黄山谷说过:"人胸中久不用古今浇灌,则尘俗生其间。照镜觉面目可憎,对人亦语言无味。"这就是平庸的写照。黄山谷认为要摆脱平庸,就要"用古今浇灌"。

只有书籍,能把辽阔的空间和漫长的时间浇灌给你。能把一切高贵生命早已飘散的信号传递给你,能把无数的智慧和美好对比着愚昧和丑陋一起呈现给你。区区五尺之躯,短短几十年光阴,居然能驰骋古今,经天纬地,这种奇迹的产生,至少有一半要归功于阅读。

如此好事,如果等到成年后再来匆匆弥补就有点可惜了,最好在青年时就进入。早一天,就多一分人生的精彩;迟一天,就多一天平庸的困扰。青年人稚嫩的目光常常产生偏差,误以为是出身、财富、文凭、机运使有的人超乎一般,其实历尽沧桑的成年人都知道,最重要的是自身生命的质量,生命的质量需要锻铸,阅读是锻铸的重要一环。

(选自《意林·作文素材》2021年第24期)

【适用话题】书籍的力量;类型的选择

我小时候都读什么书

□莫 言

我童年时的确迷恋读书。那时候既没有电影更没有电视,连收音机都没有。在那样的文化环境下,看"闲书"便成为我最大的乐趣。但我看"闲书"的样子总不如我背诵课文或是背着草筐、牵着牛羊的样子让我父母看着顺眼。

人真是怪,越是不让他看的东西、越是不让他干的事情,他看起来、干起来越有瘾,所谓偷来的果子吃着香就是这道理吧。我偷看的第一本"闲书",是绘有许多精美插图的神魔小说《封神演义》。那是班里一个同学的传家宝,轻易不借给别人。我为他家拉了一上午磨才换来看这本书一下午的权利,而且必须在他家磨道里看,并由他监督着,仿佛我把书拿出门就会去盗版一样。这本用汗水换来短暂阅读权的书,留给我的印象十分深刻。后来我又用各种方式,把周围几个村子里流传的几部经典如《三国演义》《水浒传》《儒林外史》之类,全弄到手看了。那时我的记忆力真好,用飞一样的速度阅读一遍,书中的人名就能记全,主要情节便能复述,描写爱情的警句甚至能成段地背诵。现在完全不行了。

从一个老师手里借到《青春之歌》时已是下午。明知道如果不去割草,羊就要饿肚子,但还是挡不住书的诱惑,一头钻到草垛后,一下午就把大厚本的《青春之歌》读完了。身上被蚂蚁、蚊虫咬出了一片片的疙瘩。从草垛后晕头涨脑地钻出来,已是红日西沉。我听到羊在圈里狂叫,饿的。我忐忑不安,等待着一顿痛骂或是痛打。但母亲看看我那副样子,宽容地叹息一声,没骂我也没打我,只是让我赶快出去弄点草喂羊。我飞快地蹿出家院,心情好得要命,那时我真感到了幸福。

我的二哥也是个书迷,他比我大五岁,借书的路子比我广得多,常能借到我借不到的书。但这家伙不允许我看他借来的书。他看书时,我就像被磁铁吸引的铁屑一样,悄悄地溜到他的身后,先是远远地看,脖子伸得长长的,像一只喝水的鹅,看着看着就不由自主地靠了前。他知道我溜到了他的身后,就故意将书页翻得飞快,我一目十行地阅读才能勉强跟上趟。他很快就会烦,合上书,一掌把我推到一边去。但只要他打开书页,很快我就会凑上去。

有次他借到一本《破晓记》，藏到猪圈的棚子里。我去找书时，头碰了马蜂窝，嗡的一声响，几十只马蜂蜇到脸上，奇痛难挨。但顾不上痛，抓紧时间阅读，读着读着眼睛就睁不开了。头肿得像柳斗，眼睛肿成了一条缝。我二哥一回来，看到我的模样，好像吓了一跳，但他还是先把书从我手里夺过去，拿到不知什么地方藏了，才回来管教我。他一巴掌差点把我扇到猪圈里，然后说：活该！他想了一会儿，可能是怕母亲回来骂，便说：只要你说是自己上厕所时不小心碰了马蜂窝，我就让你把《破晓记》读完。我非常愉快地同意了。但到了第二天，我脑袋消了肿，去跟他要书时，他马上就不认账了。我发誓今后借了书也决不给他看，但只要我借回了他没读过的书，他就使用暴力抢去先看。

有一次我从同学那里好不容易借到一本《三家巷》，正看得入迷，他一把将书抢走，说：这书有毒，我先看看，帮你批判批判！

几天后，他将《三家巷》扔给我，说：赶快还了去，这书流氓极了！我当然不会听他的。我怀着甜蜜的忧伤读《三家巷》，为书里那些小儿女的纯真爱情而痴迷陶醉。旧广州的水汽市声扑面而来，在耳际鼻畔缭绕。一个个人物活灵活现，仿佛就在眼前。

（选自《意林·作文素材》2021年第22期）

【适用话题】 热爱阅读；阅读的乐趣

名著国学

名著的颜色

□六神磊磊

名著有各自的颜色。

《三国演义》是红色的,血与火交织的颜色。《三国演义》的卷首即是"几度夕阳红",而结尾诗亦是"哀哉献帝绍海宇,红轮西坠咸池傍"。这是一部属于炎刘的红色的挣扎史。这里流了太多的血,燃烧了太多的火。董卓烧洛阳,吕布烧濮阳,曹操烧乌巢,诸葛烧新野,周郎烧赤壁,陆逊烧夷陵,烧烧烧烧,直烧得焦土千里,白骨露于野,千里无鸡鸣。

三国里的红,还是关羽赤面长髯义薄云天的红,是赵云长坂坡血染征袍的红,是貂蝉、甄宓、二乔等各式各样的红颜薄命的红。

当然,三国的红,更是蔡文姬等无数苍生黎民不堪承受的血红:

城头烽火不曾灭,疆场征战何时歇?

杀气朝朝冲塞门,胡风夜夜吹边月。

故乡隔兮音尘绝,哭无声兮气将咽。

一生辛苦兮缘别离,十拍悲深兮泪成血。

而《西游记》是蓝色的,是广袤长天和无边大海共有的梦幻一样的蓝色。

开篇就是梦一样的东胜神洲傲来国的无边大海,海中的花果山,是梦开始的地方。猴子这一形象,是每一个少年人最浪漫的蓝色的幻梦。在这个梦里,我们七十二变、火眼金睛、上天入地、打破规则、宣泄自我、无所不能。

在蓝色的《西游记》之后,是黑色的《水浒传》。

它残酷而现实,充满着人们压抑和绝望的嘶吼,是令人心颤的黑色。行走在蛮荒大地上的,是一群比《西游记》里的妖怪更恐怖的野兽,像爱吃人心肝的矮脚虎、杀人如麻的黑旋风、卖人肉包子的母夜叉。

《水浒传》的黑暗是无孔不入的。它不仅表现于高俅所占据的大宋官场上,也在镇关西盘踞的市井上,在蒋门神占据的江湖上,乃至所谓的"净土"水泊梁山上。翻遍整本书,除了鲁达的一双铁拳外,整个水浒的世界都是"黑云压城城欲摧"。

(选自《意林·作文素材》2022年第11期)

【适用话题】色彩;历史;名著阅读

古代也有教辅？看看科举考试教辅哪家强

□艾公子

作为科举教辅史上"吃螃蟹"的第一人，白居易给天下学子普及了他的《策林》。这是一本类似于历年必考真题集合的书籍，其中有不少是白居易备考科举时使用过的绝招。但有趣的是，第一个通读白居易的备考宝典并考出佳绩的人，居然是他一生的挚友元稹。一见兄弟元稹脱胎换骨，白居易又出奇招，就吏部试等制科类考试，改写了一部破题"红宝书"——《百道判》。与前作《策林》相近，这本书一经面世，大受好评，连官方都专门站出来为白居易打call。

当天下士子沉迷于白居易的猜题宝典时，文人李宽却跑到了湖南衡阳城北的石鼓山上，开了一所"石鼓书院"。当时天下的书院，大都以东都洛阳的丽正书院为蓝本，专注于各类儒家学说的收集、编写与整理，基本与科举授课无关。李宽却不想走"寻常路"。他利用手上不多的闲钱，特地在书院附近盖了几座"精舍"，静等学生上门拜师求学。但是，直到唐朝晚期，政局不稳，战争多发，像李宽开的石鼓书院，才终于变成天下士子眼中的"香饽饽"，迎来了生源大爆发。进入宋代以后，石鼓书院仍高居当时名声最响的四大书院之首。模仿"石鼓模式"，应天书院、白鹿洞书院、岳麓书院、嵩阳书院等也先后邀请各派大儒到院讲课，掀起书院输出科举人才的新高潮。

明清以后，科举命题始终围绕四书五经展开。每逢大比，官方都会将乡试、会试的优秀作文，选刻成书，取名"小录"（清代则称"闱墨"），免费刊行，供需要的考生阅读。

当然，"小录"或"闱墨"收入的只是考中进士者的卷面作文，没有"专家评析"之类的具体评点，书商们于是从中发现了商机。精明的书商花重金请了一批金牌塾师，专门编写更有针对性的教辅材料。内容以四书五经等科举大纲为主，从中挑选部分篇目进行模拟押题，再从官府手中购得当年优秀儒生的中试文章，请塾师多加评析，形成一本八股文范文集，取名"时文"，转手卖给有需要的考生。

"时文"让诸多士子看到了入仕的捷径。他们纷纷摒弃原始教材，转身攻读此类教辅材料。从学术进阶的角度，明朝中期南京国子监祭酒谢铎就严厉驳斥这类"舍本逐末"的治学行为。在给明孝宗的奏疏中，他希望朝廷能够将《京华日抄》《新笺决科古今源流至论》之类的科举教辅聚而焚之，永绝其根。但在浮躁的学风下，没人理会这位老儒生的合理建议。

时光流转，如今回看这些科举往事，有时熟悉得让人感叹今夕何夕。

正如一时得失，从来并非人生终局。从书社中脱颖而出的明朝状元杨慎，金榜题名后，意气风发，却不为帝所喜。卷入嘉靖朝的"大礼议"事件，遭杖责罢官，流放云南永昌卫，终老于此。而那些生前饱受煎熬的"落榜生"，如李时珍、蒲松龄、吴敬梓等，虽平凡落寞多年，却在死后终成一代大家。

"一日看尽长安花"固然甚好，但，"柳暗花明又一村"岂非亦佳？

（选自《意林·作文素材》2022年第15期）

【适用话题】学习方法；科举历史

难兄难弟、大放厥词、愚不可及……原本都是在夸你

□首都教育

中华传统文化博大精深，从古至今人们都喜欢用很少的字表达最深厚的意思，比如使用成语。但是，千百年流传下来，今天的我们脱口而出的很多成语都"变味"了。

一、难兄难弟

"难兄难弟"这个成语出自"成语制造机"《世说新语》。东汉末年，天下有个大名人叫陈寔，他有两个儿子，一个叫陈纪，字元方；一个叫陈谌，字季方。这两个儿子品行高尚，远近闻名。陈纪的儿子叫陈群，为曹丕制定九品中正制的陈群。陈谌的儿子叫陈忠，是三国时期的一位贤官。有一次，陈群和陈忠为一个问题争得不可开交：到底是你爹更牛还是我爹更牛。两个人争不出结果，就跑去找爷爷陈寔评理。陈寔一听就笑了，说了一句："元方难为兄，季方难为弟。"就是说，两个儿子都很优秀，伯仲之间，难以分清谁兄谁弟，谁高谁低。

这就是成语"难兄难弟"的来历。它原本是指两个人都非常厉害，分不出高下。其实后世很长的时间里，这个成语用的都是原意，二十四史之一的《隋书》里就有一句："广陵、甘棠，咸有武艺，骁雄胆略，并为当时所推，赳赳干城，难兄难弟矣。"

《隋书》是唐朝人所写，也就是说至少在唐朝时，"难兄难弟"这个成语还是它最初的意思。但是不知道从什么时候开始，难兄难弟变成了现在的意思，形容两个人同命相连，一样悲惨。

二、出尔反尔

"出尔反尔"出自《孟子·梁惠王下》："出乎尔者，反乎尔者也。"

战国时期，邹国与鲁国发生冲突，邹国失利，于是邹穆公问孟子："我的官吏死了三十三个，百姓却没有一个为他们而牺牲的。杀了这些百姓吧，杀不了那么多；不杀他们吧，又实在恨他们眼睁睁地看着长官被杀而无动于衷，到底怎么办呢？"

孟子告诉他："当年邹国灾荒，百姓饿死，您的官员无人去救济百姓，曾子说'你怎样对待别人，将来别人就会怎样对待你'，您不要归罪百姓，如果施行仁政，百姓自然就会与你们一心。"

邹穆公回想当年邹国闹灾荒的情形便明白了其中的道理，在全国推行了仁政。

因此，出尔反尔最初是指你怎样对待别人，别人就会怎样对待你。现在则指自己说了或做了什么，后来又反悔。比喻言行反复无常，前后自相矛盾。

三、大放厥词

我们都知道，唐宋八大家在唐代只有两个人，他们是韩愈和柳宗元，二人并称"韩柳"。柳宗元去世后，韩愈写下《祭柳子厚文》，其中一句为"玉佩琼琚，大放厥词"，以此来赞美柳宗元的文章辞藻精美，畅所欲言。

但后来，该词慢慢演变成了贬义：夸夸其谈，大发议论。

四、愚不可及

"愚不可及"出自《论语·公冶长》，子曰："宁武子，邦有道则知，邦无道则愚。其知可及也，其愚不可及也。"

孔子是说，"宁武子"这个人，在政治清明的国家，就表现得很有才能；在政治混乱的国家，就表现得很愚笨。他在该表现才能的时候表现才能，别人也能做到；他在该表现愚笨的时候表现愚笨，却是别人很难做到的。

而现在这个词指愚蠢得别人比不上，形容某人愚蠢无比。

怎么样？我们的成语是不是很有趣？不过既然发展成为成语，我们就要记准现在的意思，如果你真的去夸赞别人"愚不可及"，小心失去朋友……

（选自《意林·作文素材》2022年第23期）

【适用话题】追本溯源；文化发展

向《红楼梦》学习如何写信

□沈嘉柯

古人不像现在有电子邮件、微信、微博等社交工具、平台,诸多人际事务,都需要书信往来。

《红楼梦》第三十七回一次性出现了两封信,分别来自探春和贾芸。

探春的信,充分示范了"如何写好一封典雅的信"。

先看小说原文:只见翠墨进来,手里拿着一幅花笺,送与他看。宝玉因道:"可是我忘了,才要瞧瞧三妹妹去。你来的正好。可好些了?"翠墨道:"姑娘好了,今儿也不吃药了,不过是冷着一点儿。"宝玉听说,便展开花笺看时,上面写道:

娣探谨奉二兄文几:前夕新霁,月色如洗,因惜清景难逢,讵忍就卧,时漏已三转,犹徘徊于桐槛之下,未防风露所欺,致获采薪之患。昨蒙亲劳抚嘱,复又数遣侍儿问切,兼以鲜荔并真卿墨迹见赐,何瘢瘰惠爱之深哉!

今因伏几凭床处默之时,因思及历来古人中处名攻利敌之场,犹置一些山滴水之区,远招近揖,投辖攀辕,务结二三同志盘桓于其中,或竖词坛,或开吟社,虽一时之偶兴,遂成千古之佳谈。

娣虽不才,窃同叨栖处于泉石之间,而兼慕薛、林之技。风庭月榭,惜未宴集诗人;帘杏溪桃,或可醉飞吟盏。孰谓莲社之雄才,独许须眉;直以东山之雅会,让馀脂粉。

若蒙棹雪而来,娣则扫花以待。

此谨奉。

宝玉看了,不觉喜得拍手笑道:"倒是三妹妹的高雅,我如今就去商议。"

我们来具体分析探春这封信。古人的书信,重点就是上下款的称呼;开头结尾的致敬祝颂之辞,有许多习惯用语。

【上款/称谓】"娣探谨奉二兄文几"。探春是贾宝玉的亲妹妹,对兄长,不能直呼其名。文几就是书桌,古人把小桌称为"几",大桌称为"案"。探春就说这封信恭敬地送到二哥的小书桌前,带点调侃的意思。

【正文】在讲正事之前,需要说点问候叙旧的话,有个过渡。探春就交代了前因后果。采薪之患就是病了不能打柴的意思,且只是打个比方说自己患病了,哥哥你派丫鬟多次探问,还送上荔枝和颜真卿的墨宝,妹妹我特别感谢哥哥的关心厚

爱。像这样的内容，并不是废话。日常的关怀关心，都体现在这样的细节里，也是写信人的修养、品位、情趣的体现。

探春提到鲜荔枝和真卿墨迹，也是特别重要的交代。主要是，这两件探病的礼物太贵重，探春自然格外感激，郑重其事地向哥哥致谢。然后切入主题。

【下款】末尾探春只写了"此谨奉"。毕竟是平辈，太熟的兄妹，再署名落款恭敬客套下去，就有点矫揉造作了，探春就没有重复提自己的名字，省略了。

还是在这一回里，另有一封信：宝玉打开看时，写道——

不肖男芸恭请

父亲大人万福金安。男思自蒙天恩，认于膝下，日夜思一孝顺，竟无可孝顺之处。前因买办花草，上托大人金福，竟认得许多花儿匠，并认得许多名园。因忽见有白海棠一种，不可多得。故变尽方法，只弄得两盆。大人若视男是亲男一般，便留下赏玩。因天气暑热，恐园中姑娘们不便，故不敢面见。

谨奉书恭启，并叩

台安。男芸跪书。

贾宝玉认了贾芸当干儿子，贾芸送来两盆稀有品种白海棠孝敬干爹，也写了字帖儿。这封信就没探春写的那么文雅了，基本上是大白话。但比起探春来，态度颇为油滑。

在语气和文风上，两封信一雅一俗，各有各的好。古人写信的繁文缛节，现代人一般用不上。但在关键时刻，有重要的事情，给文化水平高，又很重要的人写信求助，称呼措辞还是得讲究一些。

在这里，我根据南开大学教授刘叶秋的《略谈古代书信的格式》，整理提炼关键的知识点，供大家参考。

1

给长辈写信，上款当然不具名，旧时在称呼之下要加"大人"，后面还得有敬辞和领起正文的习用语，如对父亲，一般上款都写"父亲大人膝下，敬禀者"，末尾写"敬请福安"和"男某某叩禀"的下款。

从前向长辈言事，要措辞恭敬，书信行文，相应地有许多讲究。如对老师说，上款"大人"下的敬辞，多用"座下""座右""座前""尊前""道席""函丈"（函，为"容"义；函丈，指师生相对，中间有容一丈之地，以便于讲问指点）等。

又旧时致书上司或做官的尊长，多于上款的"大人"之下写"钧鉴"或"钧座"，末尾写"敬请钧安"。信中于对方的意见，称为"钧旨"，信封上写"某某钧启"。古以钧陶喻国政，故后来对仕宦的称呼多冠"钧"字，逐渐成为官场的俗套。

书信常在叙事完结之后,加上"不具""不备"等,谦称书意简略,不能事事详陈,跟着用"肃此""专此"等,以两个字总括一下,然后写请安祝颂的话和下款。

如致老师的信,正文末可接"肃此敬请福安/道安""受业/门生/门人/某某谨禀"。"肃此"为"恭敬地写了此信"之意,说明叙事已毕。

如果下款不用"谨禀"字样,也可以写"肃拜""再拜""顿首""叩首"等,表示恭敬。至于"座下""座右""座前""尊前"等词,对一般尊长都可使用,唯"函丈"仅限于称老师。

2

朋友之间通信,或称仁兄,或称先生,视关系亲疏而定。称呼下面的敬辞,一般用"阁下""执事""左右"等。其他如对文士用"史席""撰席"。

至于末尾的祝颂问候之语,常用的是"安""祺""祉""绥"("安""绥",平安;"祉""祺",吉祥、福气)等词。如对文人学者说"敬请文安""道安""撰安""敬颂文祺"或"教祺";对达官显宦说"肃颂勋祺"或"勋祉"(上款下写"勋鉴");对军队长官说"敬颂戎绥";对患病之人说"敬请痊安";对客居之人说"敬请旅安";对穿孝之人说"敬请礼安",俱不能乱用。

下款署名之下有的写"某启""拜启""谨启""手启""敬启""手具""拜具""某白""白疏"等。"启""具""白""疏",为述说、条陈之意。在下款署名后以"顿首""再拜""载拜""百拜""肃拜""叩首"等词,表示敬礼者,在平辈通信中也很常见。

旧时写信,因所谈之事不愿人知,或其他原因的,不署下款,常作"名心肃""名心具",受信人见笔迹即知其为谁,心照不宣。也有写"名单具""名另肃""名另泐"者,则系于此信之外,另附名帖(名片),或另有署名之正函。

也有的信件,在末尾书"两隐"或"两浑",即上下款都略去的意思。其注"阅后付丙"的,是希望看完焚去,免为人见。在五行中"丙"属火,故以"丙"为"火"的代称。

3

给子侄写信,比较随便,往往于开头直呼其名,书"某儿见字",末尾问好与否也不一定。若致函后进或世交晚辈,则与一般朋友通信无大区别。

(选自《意林·作文素材》2022年第22期)

【适用话题】书信;文雅;传统文化

用这些名言写家国情怀，大气磅礴，阅卷老师都为你点赞

□编辑部汇编

有同学说，大家经常写"爱国"主题作文，有时候心里有感触，但写出来就失了气势，怎么办？以下为你总结了四个句子和范文示例，把爱国写进作文，大气磅礴，赶快用起来，阅卷老师都会为你点赞的！

01 千秋为卷，山河作答。

【范文示例】那些上古的圣贤用文字留下自己的光芒，如太阳，照亮轩辕大地上最荒凉的地方。千秋为卷，山河作答，千年之后，他们的光彩仍闪耀，这是生命的意义，是中国人不变的敬仰。

02 心中有国，万里山河皆为家。

【范文示例】我们身体里流淌着中国人的血液，就要牢记中国人这里程碑式的节日。纵使我们身处天涯海角，祖国都是我们的归宿。心中有国，万里山河皆为家，这个家是一点都不能少的家。

03 泱泱中华，一撇一捺皆是脊梁。

【范文示例】泱泱中华，一撇一捺皆是脊梁，这是数千年来写就的大写之"人"。乾坤挪移，中国的今天，是无数人奉献青春乃至生命换来的。即使现在国泰民安，我们也不能忘记头破血流的那些人、艰苦奋斗的那些人、敢于担当的那些人。我们要秉承信念，做像先辈们一样顶天立地的人。

04 华夏波澜壮阔，少年仍需向前。

【范文示例】抚今追昔，斗转星移，曾经满目疮痍，如今山河秀丽。我们生在红旗下，长在春风里，过去的峥嵘已经过去，未来还需要我们去创造下一个奇迹。没有人能永远年轻，但总有人风华正茂。游目八荒，河清海晏，华夏波澜壮阔，少年仍需向前。

（选自《意林·作文素材（高考版）》）

写题记超好用的极美古诗词，让你的作文高级上档次

□编辑部汇编

好的题记可以先声夺人，凸显文章所蕴含的旨趣，不仅能让作文秒变高大上，还能帮你占字数，堪称"最给力的加分工具"。然而大部分学生在考场上却不会用，因为平时不知道怎么积累！以下针对不同的主题，为你整理相应的题记。将它们用在作文中，提分so easy（很简单）！

主题一：青春成长

1.人生一世，草生一春。来如风雨，去似微尘。——《增广贤文》
适用主题：对生命意义的思考，珍惜时光，描述豁达的情怀等。
2.大都好物不坚牢，彩云易散琉璃脆。——白居易《简简吟》
适用主题：珍惜，世事多磨等。
3.岁月不居，时节如流。——孔融
适用主题：珍惜时间、脚踏实地、奋斗等。

主题二：为人处世

1.钟鼎山林都是梦，人间宠辱休惊。只消闲处遇平生。——辛弃疾
适用主题：宁静致远、淡泊名利、修身养性等。
2.救寒莫如重裘，止谤莫如自修。——《资治通鉴》
适用主题：提高自我修养等。
3.江河之水，非一源之水也；千镒之裘，非一狐之白也。——《墨子》
适用主题：保持开放的心态，包容多元思想，拥抱多样的人生等。

主题三：感悟思辨

1.不慕古，不留今，与时变，与俗化。——《管子》
适用主题：创新、与时俱进等。
2.得知千载上，正赖古人书。——陶渊明《赠羊长史》
适用主题：阅读、传承等。
3.一时之强弱在力，千古之胜负在理。——《东周列国志》
适用主题：坚持真理、得失与成败、以理服人等。

（选自《意林·作文素材（高考版）》）

假如考场遇到"乡愁"，这些诗句能让你脱颖而出

□弯 弯

乡愁是什么？一句乡音，一抔泥土，一抹相思，一腔离愁。古往今来，思乡的情一直是共通的。古代，交通与通信都不发达，不少诗人长期客居在外，漂泊异乡的他们唯有借诗咏怀，借景抒情，才能将思念的情愫悄然安放。"乡愁"是高考语文常考的一个热点，尤其是诗词的热门考点之一。这里为你总结了古人书写乡愁的精华诗句，快快积累起来，在考场上脱颖而出！

眷恋故土，人类共通

我们外出，家是起点；我们归来，家是终点。起点和终点，承载着我们全部的眷恋。这眷恋是人类共通而永恒的情感。岁月悠长，千里相隔，乡情一直是萦绕在我们心间的炽热情怀。

李益说：不知何处吹芦管，一夜征人尽望乡。（《夜上受降城闻笛》）

张籍说：洛阳城里见秋风，欲作家书意万重。（《秋思》）

杨徽之说：回首故山千里外，别离心绪向谁言？（《寒食寄郑起侍郎》）

范仲淹说：浊酒一杯家万里，燕然未勒归无计。（《渔家傲·秋思》）

季节轮回，岁月更替，每个季节里独有的生命体验让乡愁显得厚重、感人。

春天的乡愁是：春风又绿江南岸，明月何时照我还。（王安石《泊船瓜洲》）

夏天的乡愁是：故乡遥，何日去？家住吴门，久作长安旅。五月渔郎相忆否？小楫轻舟，梦入芙蓉浦。（周邦彦《苏幕遮·燎沉香》）

秋天的乡愁是：夕阳西下，断肠人在天涯。（马致远《天净沙·秋思》）

冬天的乡愁是：风一更，雪一更，聒碎乡心梦不成，故园无此声。（纳兰性德《长相思·山一程》）

一切景语皆情语。风物的存在，触动的是心灵深处的隐痛。

炊烟起了，陆游说：雾敛芦村落照红，雨余渔舍炊烟湿。（《沧滩》）

大雁来了，韦应物说：故园渺何处？归思方悠哉。淮南秋雨夜，高斋闻雁来。（《闻雁》）

黄叶飘了，徐再思说：一声梧叶一声秋，一点芭蕉一点愁。（《水仙子·夜雨》）

夕阳落了，李觏说：人言落日是天涯，望极天涯不见家。（《乡思》）

思家，一直是天下最浓的情感。如果有离岸的船，那么定有归家的人。

归期无期，离愁更浓

年年岁岁，人老了一岁，乡恋也会更浓郁些。奔波劳碌了一整年，谁不想回到故乡，然而，山高路远的古代，即使到了除夕之夜，也有许多人不得归家，身居客舍。

首先是唐代诗人戴叔伦，那个吟着"行人无限秋风思，隔水青山似故乡"的旅人。他晚年任抚州（今属江西）刺史时期，寄寓石头驿。除夕之夜，诗人看着外面灯火通明，他却一人待在凄清的旅店，禁不住黯然神伤，写下《除夜宿石头驿》：

旅馆谁相问，寒灯独可亲。

一年将尽夜，万里未归人。

寥落悲前事，支离笑此身。

愁颜与衰鬓，明日又逢春。

其次是高适，他同样在除夕之夜羁旅在外，同样待在旅馆里独对寒灯，怅然轻叹《除夜作》：

旅馆寒灯独不眠，客心何事转凄然。

故乡今夜思千里，霜鬓明朝又一年。

寒灯只影，诗人迟迟难眠，怎能不想到一家团聚，其乐融融的守岁景象呢？什么是思念到极致？就是明明自己在思念家中亲人，却说故乡的亲人在今夜也定是在想念着千里之外的自己。所以，冬至节居住在邯郸客栈的白居易也说"想得家中夜深坐，还应说着远行人"。

再者是唐代崔涂，他曾长期流落于湘、蜀一带，一个除夕夜，因避乱流离巴蜀，他在旅途之中作了一首《巴山道中除夜书怀》：

迢递三巴路，羁危万里身。

乱山残雪夜，孤烛异乡人。

渐与骨肉远，转于僮仆亲。

那堪正飘泊，明日岁华新。

又是一个除夕夜不得归的异乡流浪者，他离乡越来越遥远，跋涉的路崎岖而艰难。诗人只身流离，举目无亲，想到明日又增一岁，不禁愁苦万分。不同的诗人，同样的除夕之夜旅居感怀。王维说："独在异乡为异客，每逢佳节倍思亲。"正如舒成坤作词，刘一祯演唱的那首《故乡》中唱的：

谁的琴声在流浪的路上回荡
浓郁的乡愁已经湿透眼眶
一年一年回望远去的故乡
此刻斟满这杯酒不说离殇
你是否因故阻了归程，只能远远思念？你的眼泪是否在逐梦的他乡流淌？

岁末年浓，故乡夜静

年从岁末浓，夜是故乡静。年终岁末，游子思家的心更添了几分急切，因为团聚的时刻很快就要来临。

公元1746年，清朝诗人蒋士铨于年终前夕赶到家中，深感母亲对自己的关怀之情，写下一首语浅情浓的《岁暮到家》：

爱子心无尽，归家喜及辰。
寒衣针线密，家信墨痕新。
见面怜清瘦，呼儿问苦辛。
低徊愧人子，不敢叹风尘。

身为儿女，在外无论漂泊得多么艰辛，无论遭受多少苦痛，从来只对母亲报喜不报忧。

因为古语有言："父母在，不远游。"我们既然任性地选择了远游，又怎忍心让日渐苍老的父母再多操心呢？

回乡的路上，我们又往往会向前回望，想起当初离家拜别母亲的场景，清代黄景仁《别老母》一诗中则描摹了这种让人泪目的场景：

搴帷拜母河梁去，白发愁看泪眼枯。
惨惨柴门风雪夜，此时有子不如无。

诗人参加举人乡试时，屡试不中，无奈之下不得不离开老母亲，赴外地谋生。

是啊！多数时候，若非生活所迫，谁不愿离家近点，为母亲多尽些孝道呢？每年春节，一年一度的人口流动都会如期上演，为此，人们甘愿舟车劳顿、不辞劳苦，想方设法也要返乡过年。

（选自《意林·作文素材（高考版）》）

微写作

□编辑部汇编

总有那么一首古诗词,从纸上跃起,撞击心灵,诗中总有那么一两句话,让你一眼万年,用心收藏。许多优秀的读者看完编辑部提供的诗词运用技巧后,也写下了对自己喜欢的古诗词的所思所感,下面就让我们来看看部分读者的投稿吧。

终南别业

□[唐]王 维

中岁颇好道,晚家南山陲。兴来每独往,胜事空自知。

行到水穷处,坐看云起时。偶然值林叟,谈笑无还期。

【我的理由】最喜欢这首诗中的"行到水穷处,坐看云起时"这句,它给人一种宁静致远的心境,能让心气浮躁的人瞬间安静下来,不会被欲望所迷惑,也不会被外界干扰。(读者:钱**)

观 雨

□[宋]陈与义

山客龙钟不解耕,开轩危坐看阴晴。前江后岭通云气,万壑千林送雨声。

海压竹枝低复举,风吹山角晦还明。不嫌屋漏无乾处,正要群龙洗甲兵。

【我的理由】事事如意并不是生活的真相,心怀希望,勇敢向前,前方自有万丈光芒。低谷就意味着往哪里走都是上坡路,今后,只要咬紧牙关坚持住,一定会好起来的!(读者:李**)

己亥杂诗(其五)

□[清]龚自珍

浩荡离愁白日斜,吟鞭东指即天涯。落红不是无情物,化作春泥更护花。

【我的理由】喜欢这首诗,尤其喜欢最后两句。落红是指诗人辞官归乡,花指的是国家,即使诗人辞官归乡了,也不忘守护国家,抒发了诗人的报国之志。我也要向诗人学习,做一个对国家有用的人。(读者:彭**)

赤壁赋(节选)

□[宋]苏 轼

白露横江,水光接天。纵一苇之所如,凌万顷之茫然。

浩浩乎如冯虚御风,而不知其所止;飘飘乎如遗世独立,羽化而登仙。

【我的理由】这几句写出了人在宇宙间茫然不知所之的感受,给人以缥缈又浩然的感觉。当思考人生的意义而无果时,我总是告诉自己不妨像苏轼一样,潇洒地度过一生。苏轼对人生的这种豁达的态度当是我的人生信标。(读者:薛**)

考场命题材料库

KAOCHANG
MINGTI
CAILIAO KU

意林作文素材 12 周年精选

中高考金牌素材

像村上春树一样过想要的生活

□特立独行的猫

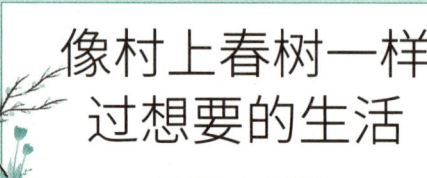

素材"巧遇"中高考
2021年中考山西卷作文：
像_____一样生活
"巧遇"指数

以前总懒得收拾家，有段时间身体不好在家休息，突然想起来擦地，于是连擦了好几遍。看着光洁的地板，心情变得大好。自那天之后，每天都会坚持擦一遍地，甚至连地上有个脚印都不能忍受。我想起21天养成一个好习惯的理论，不禁感到惊奇。

这让我想起了很多同学给我写信，说自己是如何坚持不下去一件事，导致了对自己的责备，对未来的恐慌……实际上，我们每个人都有坚持不下去的时候。比如想好每天要读英文，结果三天就拜拜了；看了励志书后发愤图强，列了一堆计划在本子上，万丈高楼平地起，刚开始一天计划就灰飞烟灭……我们都对自己的生活有各种梦想，但坚持成了我们实现梦想最大的敌人，于是我们大部分人都只是普通人。

据说村上春树每天凌晨四点起床写作，然后离开自己的小世界，九点去上班，变身为一个与别人看起来没什么不同的人。第一次知道他的这种生活方式的时候，我甚为惊喜，这也变成了我所期待的生活方式。虽然我仍然无法每天凌晨四点起床，但能从生活本身去研究与提升自己，而不单纯靠名言警句打鸡血，这才是真正稳定、步步为营的人生。

（选自《意林·作文素材》2015年第23期）

【适用话题】坚持；生活方式；养成良好习惯

生命美丽，世界才美丽

□顾 城

人的生命里有一种能量，它使你不安宁。说它是欲望也行，幻想也行，妄想也行，总之它不可能停下来，它需要一个表达形式。这个形式可能是个革命，也可能是个爱情；可能是搬一块石头，也可能是写一首诗。只要这个形式和生命里的这个能量吻合了，就有了一个完美的过程。

一个彻底诚实的人是从不面对选择的，那条路永远会清楚无二地呈现在你面前，这和你的憧憬无关，就像你是一棵苹果树，你憧憬结橘子，

但是你还是诚实地结出苹果一样。

自由并不是你不知道干什么好,也不是你干什么都可以不坐牢。自由是你清楚自己要干什么,不装蒜,不矫揉造作,无论什么功利结果,会不会坐牢或者送死,都不在话下了。对于惶惑不知道干什么的人来说,自由是不存在的;对于瞻前顾后、患得患失的人来说,自由是不可及的。

素材"巧遇"中高考
2014年中考湖北荆州卷作文:
生命的力量
"巧遇"指数
★★★★★

一个人,生活可以变得好,也可以变得坏;可以活得久,也可以活得不久;可以做一个艺术家,也可以锯木头,没有多大的区别。但是有一点是重要的,就是他不能面目全非。他不能变成一个鬼,他不能说鬼话,说谎言,他不能在醒来的时候看见自己觉得不堪入目。一个人应该活的是自己并且干净。

命运不是风来回吹,命运是大地,走到哪里你都在命中。

从叶到花或从花到叶,于科研是一个过程,而于生命自身则永远只在此刻。花和叶都是一种记忆方式。果子同时也是种子。生命是闪耀的此刻,不是过程。就像芳香不需要道路一样。

我到了新西兰一个小岛上,把身体交给了劳动。四年之后,有一天,我忽然看见黑色的鸟停在月亮里,树上的花早就开了,红花已经落了满地。这时候我才感到我从文化中间、文字中间走了出来。万物清清楚楚地呈现在你的心里。一阵风吹过,鸟就开始叫了,树就开始响了。这个时候我明白了一个道理:只有在你生命美丽的时候,世界才是美丽的。

(选自《意林·作文素材》2014年第6期)

【适用话题】 自由;生活;生命的力量

让孩子成为最好的自己

□云谷学校

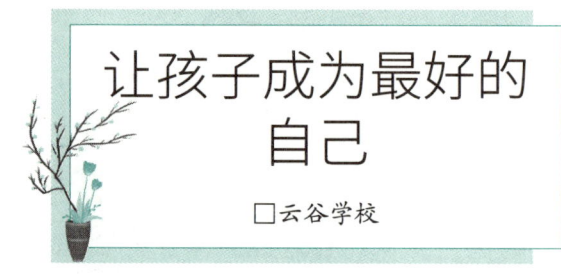

每个孩子都有与生俱来的善良、好奇和禀赋，是独一无二的个体。我们想看到的，不再是那个温顺的、听话的、按部就班的孩子，而是一个有热情的、有态度的、有趣味的灵魂。他不需要和谁比较，不需要取悦他人，也不需要长成他人眼中的"完美"模样，而是坦然地做自己。无论他沉迷于宇宙天体还是漫威动漫，或是成为大学老师抑或摇滚乐手，甚至是狂热美食的厨师，我们都希望他可以不断追逐自己最初的梦想。

我们深信，每个孩子在追逐梦想的成长道路上，经历的一定不是一个轻松的过程，但是这绝对不意味着，学习之路是让孩子成为一个被动的、随波逐流的、为学而学的"刷题机器"。我们要让这条路充满未知、挑战和无穷的乐趣，使得每个孩子在其中付出有价值的辛苦而不是"心苦"，享受幸福而完整的生命教育，从而让学习力成为伴随孩子终身的伙伴。

我们坚信，教育可以成为一件美好的、慢的、自然而然发生的事情，不再是千篇一律千人一面的、不再是急功近利追求结果的。我们希望孩子在学习中懂得生活，在社会上富有担当，并有着多元的、国际的视野和跨文化沟通能力，从容地站上世界的舞台！

（选自《意林·作文素材》2017年第12期）

【适用话题】做自己；学习之路

别找了，幸福藏在你的心里

□李作昕

一天清晨，车停下，上来一位老年人，他六十岁左右的年龄，慈眉善目的笑模样儿，站在车门的台阶上，边投币边大声说："今天太好了，刚出门不用等，就坐上了公交车！跟坐出租一样。"看他表情，仿佛一出门就能遇到公交车是一件多么幸运的事，车上的人都侧目微笑，看着他神采奕奕的脸。

过了两站，还是那位老年人，屁股刚在一空座上坐稳，又上来一位老者，一看年龄就比他大得多，先前的老年人赶紧站起来让座，嘴里不停地说："您坐，您坐，我还年轻。女士优先。"车上有人笑出声来，多可爱的老头儿，豁达、知足、懂得感恩。车开开停停，乘客越来越少。离终点站还有两站的时候，老者一回头，见车上只有我们两个乘客了，呵呵笑了一下，说："还有人陪我到终点站。"我也笑着说："真荣幸，成了我们俩的专车了。"

日本作家村上春树发明了一个词——小确幸，即微小而确实的幸福。虽然它是近年才开始流行的新词语，但它古来有之，不分国界和人种，恩赐于你，恩赐于我，恩赐于每一个有心人，就像空气和阳光。

虽然每一个"小确幸"的持续时间只有3秒钟到3分钟不等，但它们能深入浸润我们的生命。村上春树说："没有小确幸的人生，不过是干巴巴的沙漠罢了。"他认为让生命熠熠生辉的，不是一夜暴富的狂喜，而是"小确幸"的日日累积。

每个人都有属于自己的幸福。幸福尽管如同随时可见的阳光，但有些人把目光投向别处。有一次，俄国作家索洛古勃看望托尔斯泰时说："你真幸福，你所爱的一切都有了。"托尔斯泰马上纠正说："我并不是具有我所爱的一切，只是我所有的一切都是我所爱的。"人们都渴望"有我所爱"，岂不知，"爱我所有"才是最大的幸福。握住手心里的"小确幸"吧，好好珍惜现在！

2015年中考湖北鄂州卷作文：**有种幸福在心间**

（选自《意林·作文素材》2014年第3期）

【适用话题】知足；小确幸；珍惜当下

高效的学习方式是什么样

□ 罗振宇

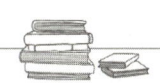

2022年高考北京卷作文：**学习今说**

经常有人问我，高效学习的方法是什么？我先说个故事你品品。我有一个朋友，很有名的小马宋老师，刚开始进入广告业的时候，思路受到局限。怎么办？学习呗。

他用了一个笨办法，就是阅读大量的广告创意案例。用半个月把一本世界级的广告创意杂志十年来的作品，一共是两万个顶尖的创意作品，分门别类地整理成了10个PPT（幻灯片），然后反复看。

当他看完这些创意后，发现市面上大部分广告，创意方法都是来自这些经典的作品，无非变变形式而已。你看，我们通常所谓的高效学习，潜台词是"有没有捷径？少学点但是效果不错的方法"。

其实，恰恰是这种笨办法，完整地学习，才是高效率的方法。而且，如果你细算一下就会发现，这个看起来很笨的方法，并不怎么耗时间，且非常划算。

（选自《意林·作文素材》2022年第11期）

【适用话题】高效学习；系统学习；融会贯通

中高考"黑马"素材

后顾之忧
□余秋雨

有人说,只需安心做事,不要有后顾之忧。

我说,没有后顾之忧的事情做不大,做不新,做不好。

我做事的时候如果完全没有后顾之忧,证明我所做的事情没有撬动陈旧的价值系统,没有触及保守的既得利益,没有找到强大的突破目标。这样的事情,值得去做吗?

因此,重重的后顾之忧,密集的追杀脚步,恰恰是我们奔跑的意义所在。

(选自《意林·作文素材》2021年第17期)

【适用话题】做事的意义;改变与突破

选择
□黄小平

小时候,家里穷,可母亲总喜欢"制造"一些可能的事情,供我选择。

早上,母亲会说:"孩子,早餐是吃红薯还是喝稀饭呢?"当我说喝稀饭时,母亲就会高高兴兴地下厨为我做稀饭。

过年了,母亲没有那么多钱给我既买上衣又买裤子。于是,母亲就对我说:"孩子,今年过年是先给你买件上衣还是先给你买条裤子呢?"当我说先买上衣时,母亲就会满脸欢笑地带我去商店挑选。

后来,我问母亲,为什么总让我做出一些选择呢?母亲说:"孩子,一个有选择的人,是富有的。"

感谢母亲,她让我贫穷的童年,因为有了选择而变得富有、快乐和幸福。

(选自《意林·作文素材》2021年第15期)

【适用话题】童年;教育;母爱

喝完第一百服中药，感觉一切都能咽下了

□周秀凤

整理旧日记本，看到这样一句话：生命的意义在于遍尝人间的甜蜜，并为之甘愿同一切苦难作战。

十多年前的那天，我终于喝完了一百服中药，在日记本上写下了这句话。那时，我连续咳嗽三个多月，医生诊断为哮喘性慢支，经常打针吃药，但收效甚微。母亲忧虑地说，最怕这种富贵病，断不了根。是的，得病之后，我有点弱不禁风。尤其不能感冒，正常人感冒一星期康复，我得一个多月痊愈。日夜咳嗽，咳得心窝都是痛的。

最难受的是夜晚，一阵阵剧烈的咳嗽，不仅自己无法入睡，还影响家人休息。于是，我想了一个办法：和衣而卧，斜靠在床头。要是平躺，就会不断咳嗽，一阵哮喘上来，恨不得请人帮忙呼吸。有接近两年，我没睡过安稳觉，被折磨得筋疲力尽。后来，有人推荐了一个小有名气的老中医。老中医说病已入内，要见起色，最少要喝一百服中药。为了战胜病魔，我咬牙答应。中药苦，我在喝药之前吃一颗糖；有时实在难以下咽，我就半天不许自己喝水。当我又干又渴，苦涩的中药就会一饮而尽。十服、二十服……我终于学会苦中作乐，喝药时总安慰自己说，又是一杯可乐。

年少的我不懂什么大道理，只是隐约感觉到，如果我不把病魔撂倒，病魔就会把我撂倒。

后来，我相信一个人最大的胜利，不是远离风霜，而是无论遭遇什么，都可以坦然面对。

(选自《意林·作文素材》2022年第23期)

【适用话题】苦尽甘来；直面困苦；坚持不懈；勇敢

触类旁通

□ 冯骥才

在从事文学工作之前，我的专业一直是绘画。进入文坛后，绘画一度中断。

我天生热爱艺术，绘画、音乐、诗歌、民间艺术等对我都有无穷的吸引力，也让我往往从艺术的角度来欣赏文学。这里边有一个与我们文化传统相关的问题值得探讨，就是中国人所讲求的"琴棋书画"和"触类旁通"。

在过去，一个好的画家必然有很深的诗文修养。唯有如此，他们笔下的重峦叠嶂、林海丛莽、仕女高士、草木生灵才会具有灵魂。

技艺只是浅层问题，背后更深的其实是哲学、文学、文化和美学问题。

这个传统有助于全面提升人的修养和审美能力，也是中华文化的高明之处，今天应该将其融入教育体系和对青少年的培养中。

（选自《意林·作文素材》2021年第7期）

【适用话题】举一反三；文学艺术；思想体系；美

成为新的自己

□ [日] 村上春树　译／林少华

在此前的人生途中，我总觉得自己将成为别的什么人，似乎总想去某个新的地方，开始新的生活，在那里获取新的人格。迄今为止不知重复了多少次。这在某种意义上是成长，在某种意义上类似改头换面。但不管怎样，我是想通过成为另一个自己来将自己从过去的自己所怀有的什么当中解放出来。

我一心一意认认真真地这样求索不已，并且相信只要努力迟早会实现的。然而最终我想我哪里都未能抵达，无论如何，我只能是我。我怀有的缺憾无论如何依然如故。无论周围景物怎样变化，无论人们搭话的声音怎样不同，我也只能是一个不完整的人。我身上存在着永远一成不变的致命的缺憾，那缺憾带给我强烈的饥饿和干渴。这饥饿和干渴以前一直让我焦头烂额，以后恐怕同样使我焦躁不安。因为在某种意义上缺憾本身即是我自身，对此我心里明白。如果可能，现在我想为你而成为新的自己，这是我应该做得到的。可能并不容易，但努力下去，总还是可以获得新的自己的。

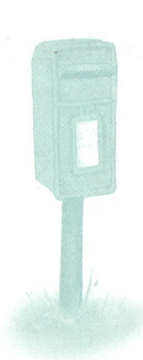

（选自《意林·作文素材》2021年第15期）

【适用话题】新与旧；突破；努力超越；求索

高能金时评

GAONENG JINSHIPING

意林作文素材12周年精选

淄博烧烤"出圈"的"终极秘籍"

□宋 强

淄博烧烤的火爆"出圈",带给我们怎样的启示?

这得分两个层面说:一是如何成为"网红"城市,二是如何由"网红"变"长红"。

先说第一个层面——打造"网红"城市,首先得牢牢抓住青年这个最积极、最活跃、最有生气的群体。青年充满朝气和热情,自带流量,乐于分享,善于使用各类社交平台。不管是淄博烧烤的火爆,还是更早一些的曹县走红,都是最先由年轻人、大学生参与打卡,进而走红网络的。可以说,年轻人关注哪里、追捧什么,流量自然就到哪里。

如何打造出时尚活力和青年友好的城市形象、如何紧紧抓住青年人这一城市爆火的流量群体,是打造"网红"城市的关键所在。我们期待年轻人的目光继续聚焦山东,让山东出现下一个"网红"城市。

再有,满足人们的美好需求特别是好吃好玩的需求,是硬道理、真本领。人间烟火气,最抚凡人心。很多城市都有自己的特色,充满烟火气的美食,最接地气,也最能拉近人。这几年,淄博一直在打造好学、好看、好吃、好玩、好创业"五好"城市。这个"五好",对应的都是人的各类需求。从这个角度出发,或许能够找到淄博烧烤火爆"出圈"的肇始。

再看第二个层面——如何由"网红"变"长红"。首先是主动作为,积极引流。出现火爆的苗头后,不能坐视不理、无动于衷,而要积极跟进,迅速行动。淄博烧烤案例中,不管是出台多项举措,提升游客满意度,守牢安全底线,还是主动策划、有效引导各类媒体、商业平台、网络大V、市民群众、大学生发声,不断做大传播渠道,都体现了这一点。

再就是跳出局限,放大效应。如何留住人心,让"网红"城市的效应拉长、放大,让游客、食客在这里多住几天、多玩几天,淄博也一直在做各种尝试。从打造最美书店海岱楼钟书阁、唐库文创园等打卡地点,到将要举办青岛啤酒节、麦田音乐节、淄博烧烤节,淄博对吸引年轻人参与的节奏把握越来越成熟,效果可能也会逐步显现出来。

网络的记忆通常不会超过7天,太多突然"燃燥"的地方犹如昙花一现。只有从火爆的元素中放大视野、延伸链条,将流量引至更多领域,进而实现城市品牌整体宣传,才能让"网红"城市长"红"不衰。

(选自《意林·作文素材》2023年第10期)

会写论文的ChatGPT被大学封杀，给教育界带来什么警示

□赵琬微

因其具备快速查阅文献、生成答案的能力，许多大学生用它来充当"枪手"写作业、交论文，多国高校被迫明确"禁用"ChatGPT（在美国成立的人工智能研究公司OpenAI推出的人工智能聊天机器人）。

这一幕很新鲜，又很熟悉。当20世纪90年代互联网风靡、搜索引擎诞生的时候，也曾产生过类似的慌张。先进技术的横空出世，让知识的获取更加便利，而教育作为传授知识的行业，则一次次受到挑战。这一次，当AI发展到可以自动梳理资料、提交的论文已经与真人写的文章相差无几的时候，传统的批量传授知识的模式会受到彻底挑战。

在AI面前，照本宣科的知识传递毫无胜算，它可以在1分钟，甚至更短的时间内做出条分缕析的罗列与分析。在AI面前，似是而非的观点同样不可胜数，它可以提供很多个思考角度，并堂而皇之地用不曾发生过的事情佐证。

面对ChatGPT的挑战，被动封杀显然并非上策。其实，人工智能在挑战教育方式的同时，也为教育者提供了强大的辅助工具。教育界需要反思的是，教师布置的作业，是否可检验出学生真实的实践与思考，更需要反思教育的方式，是否可以借助AI，从"以教师为中心"的批量化教学，进入"以学生为中心"的个性化学习时代——

这代表个性化的学习方式，能让学习者在人工智能教学系统的帮助下进行自主学习。不仅是目前正在探索的：通过大数据分析学习者的知识漏洞，推送错题复习。还要借助AI的力量，完善学习者的知识框架，掌握最新的研究动态。

这意味着丰富的教学体系，能通过智能教学系统实现"个人定制"的学习。让不同的学习者拥有不同的路径，喜欢实践的人可以先动手做起来，喜欢知识的人可以先把资料看起来——无论是学以致用，还是知行合一，都可以抵达真知的目的地。

我们呼唤建立多元的评价方式，从"一把尺子"衡量所有人的粗放考核方式，到每个人知道自己进步了多少，学会了什么的精细化测评。教师布置的作业，要更多地体现基于人类亲身经历才能写出的感受、思考出的答案和真实的才学。

教育是有温度的，而AI没有。在传授知识的过程中，教育还传递了只有人类才有的情感、道德与思想。机器学习的飞速发展再次提醒我们，教育的目标并不是培养"学习机器"，而是让每个人都成长为完整的自己。

（选自《意林·作文素材》2023年第7期）

这届大学生该不该管父母要钱，买最新款iPad学习

□贾小凡

可能"90后"不曾想过，距离自己还上学的时光不过短短几年，浓眉大眼的文具们却早已叛变成了"凡尔赛文具"。这可能不仅仅是经济发展与物价上涨的客观结果，毕竟现在学生在其他学习装备上的消费力，也正在水涨船高。这一点，你在打开现在网上非常流行的"学习vlog""自习直播"时就会强烈地感受到——好家伙，现在的学生都是人手一个iPad加苹果笔记本电脑的水平了吗？

而走出直播间，在现实的大学校园中，也有不少人发现同学们将"无纸化学习"贯彻得极为彻底。从烂笔头到高科技笔头，从草稿纸到钢化玻璃屏幕，学习装备的升级越发被视作一种"刚需"。所以不难理解，2019年，某记账App发布的《中国首份00后大学生消费大数据报告》显示，"00后"大学生在开学季支出的最大头项目就是数码产品，人均花费3021元。

当然，并不是人人都能轻轻松松拥有一部几千块钱的电子产品。互联网上年轻人不定期上演的花钱辩论赛里，学习生产力工具变成了常客——"大学生应不应该攒钱/分期付款/管父母要钱，买一个新款的iPad？"正方辩友认为，iPad的确有助于提高学习效率。比如不必再花钱打印、背着重重的书本走来走去，而且用惯了之后查阅资料、记笔记、梳理思路等功能都很方便。反方辩友则给出亲身教训证明，要是一个人就没想好好学习，买10个iPad也没用！

一件身外之物，为什么会在学生眼里变得如此重要？或许，除了消费主义无孔不入的大背景，如今"知识型网红"的影响力和带货能力也不容小觑。当学习型vlog风靡全网时，年轻人很难抵挡有样学样的冲动。每一位精英气质满满、学习井井有条的博主，手里的只是普通的iPad吗？或许在一些人眼里，它也象征着考试"上岸"、通往理想学府的敲门砖，象征着一种高效自律的学习信念。

心理学上有一个叫"霍桑效应"的概念，指的是那些意识到自己正在被别人观察的人，会有意识地更努力，并获得更好的成绩。因此一种观点认为，无论是直播自己学习的人，还是和他一起学习的人，都会有一种高度的临场感，在彼此的注视下发愤图强。这么一想，很多在学习前"装模作样"的仪式感，其实也是做给自己看的，并试图在自己的注

视下给一个积极的心理暗示——装备齐了,感觉也就来了。

况且,这届年轻人的考试压力格外大。考研、考公务员、考证,不是在准备考试,就是在报名考试的路上。备考大军内部自然也逃不开"内卷",你七点起,那我就六点半起;你今天刷两套题,我就刷三套。人在心里越没底、越焦虑的时候,越容易依赖于从外部获取支持。新买的一套文具也好,看起来生产力爆棚的iPad也罢,或者只是学习UP主屏幕上的一句鸡汤,都是在给这届年轻人增加名为"我真的有在好好学习"的buff(原意指增益,后被广泛用作游戏术语,指可以增强能力的"魔法"或"效果")。

和以前相比,从前的学生没有这么丰富的消费选择,也没有竞争压力如此之大的氛围。以iPad为核心的"学习装备焦虑",或许是属于"00后"一代人特有的。但是不管在哪个年代,有一件事一定是共通的——大热韩剧《请回答1988》里压根就不爱学习的双门洞大学渣成德善,一次完整的自习过程为:精心收拾花里胡哨的文具三十分钟,呼呼大睡十小时。而她姐,双门洞第一勤奋好学生,从来不需要啥外挂。一张桌子两只眼,一摞教材看一天。

(选自《意林·作文素材》2021年第2期)

短视频里的小帅和小美，会不会把电影玩坏了

□孟繁哲

在短视频平台上，即便你看了100个电影解说，也可能记不住任何一个角色的姓名。但相信你不会陌生："小美"是女主，"小帅"是男主，"丧彪"是反派，长得壮的被称作"大壮"，有胡子的被称做"胡子哥"……似乎所有电影都可以被归结为"小帅和小美"的故事。时长大多在三五分钟，呈现剧情关键片段，配合内心毫无波澜的AI旁白，再插入引人入胜的背景音乐。此外，还不能忘记如下窍门：开头要出现案发现场、神魔鬼怪、激烈争吵等最具戏剧张力的画面；解说词要善于抖包袱，同时创作"废话文学"："不出意外的话，要出意外了""这个长得像小女孩的小女孩，其实是一个小女孩"；结尾要设置悬念，制造"未完成的紧张感"。

在短视频平台上，看肥皂剧可以节约时间、高效放松，看悬疑片可以梳理情节、消除疑问，看经典作品可以倾听解读、汲取新知。"小帅和小美"提供了灵活的观影渠道，也反映了人们多元化的文化消费需求。

然而，"小帅和小美"的故事能让我们对电影情节有粗浅的了解，却无法全面了解一部电影的过人之处，无法深入领略创作者倾注的巧思。当看"3分钟电影"成为习惯，人们就可能在屏幕前逐渐失去专注和思考的能力。

有人说，"小帅和小美"正在毁掉电影。电影的独特魅力永远不可替代，电影艺术的独特之处，不仅在于故事情节，更在于用镜头语言讲述故事的形式。或营造视觉奇观，或阐释哲学思考，或表达独特见解，电影制作者运用场面调度、蒙太奇和人物抒情等各种手法，在银幕上勾勒出一幅幅迷人的画面。光影缤纷之间，人们能够欣赏时尚潮流、视觉特效，也能获得生活教益、历史启示。正因如此，优质电影能激发情感共鸣，享受心灵短暂的安宁与平静。为了一部三分钟的"小帅和小美"，放弃这样难得的精神享受，难免有明珠暗投之憾。

一位电影导演曾说："一分钟的短视频，你马上明白它在说什么。这种有效性会为传统电影叙事带来启发。"这也说明，新媒介技术给电影制作带来了新的思路，提出了更高要求。如何持续创作源于生活又高于生活的精品，如何在短视频流行的时代创造叫好又叫座的佳作，如何既能适应又能引领人们的观影趣味，是电影行业必须回答的时代课题。对个体而言，"小帅和小美"的出现，也要求我们在自我调适和适度节制中掌握信息获取的主动权。只有让技术服务于现实所需，我们才能真正提高自己的"数字幸福感"。

（选自《意林·作文素材（高考版）》）

怎么看待网络文学用户超5亿

□ 樊 成

2022年4月7日，中国社会科学院发布《2021中国网络文学发展研究报告》，分析网络文学的发展脉络和趋势特征。报告引用第49次《中国互联网发展状况统计报告》数据称，截至2021年年底，我国网络文学用户总规模达到5.02亿，较去年同期增加4145万，占网民总数的48.6%，读者数量达到了史上最高水平。

超过5亿，从一诞生就遭受争议的网络文学，借助互联网的"洪荒之力"正式向我们宣告，它的用户已经占到了全体网民的一半。这个比例当然是惊人的，而若干年后，"新新人类"共同的文学记忆，可能就是这些网络文学了。这毫不夸张，对这一现象，我们要持开放心态，坦然面对。

上一代不能总用自己的时代标尺，去衡量下一代所喜爱和追求的一切。而且，不必担心他们读网络文学就抛弃经典了。当代孩子的阅读水平，比之他们的父辈，未见得是落后的。

更值得注意的是，网络文学是一种在互联网上自发生长的文学。它不是"经典"的延伸，而是无数个体的创造。所谓一代有一代之文学，唐诗宋词元曲，我们这代人的文学是什么呢？目前看，可能就是这个。当然，信息化时代，媒介早已不再只是纸张和文字。

我们要相信，时间的眼睛是雪亮的。我们要用历史的眼光去看待当下的网络文学。明清时期流行的市民小说，并不是每部都如《红楼梦》《西游记》等熠熠生辉，经久不衰；而是相当大的一部分在那个时代就已经被淘汰了。最终历史会做出选择，让那些精华沉淀下来。

事实上，近年来，网文作者群体中，也诞生了不少优秀的知名作家，如当年明月、萧鼎、猫腻等。有些作品改编成影视作品，质量和口碑也不错，如《琅琊榜》《甄嬛传》《将夜》等。它们很多内容虽然是虚构，但也映照现实。

值得一提的是，近年来，中国网络文学向海外传播作品已经高达10000余部。一些网文IP影视，如《赘婿》《斗罗大陆》《锦心似玉》《雪中悍刀行》等，先后登陆国外主流视频网站。那些当年被很多人"看不上"的网络文学作品，却成了走出国门的文化输出。这个"反转"，很值得我们深思和总结。

不只是文化作品，任何事物的接受过程，都有一个由浅入深、由表及里的过程。很多人可能会觉得，这些网络文学作品不够厚重、深刻，缺乏一定的思想性和知识性。这种持续性的内涵生成，恐怕还有待于网络文学不断探索，有赖于行业整体不断壮大。

正如中国社会科学报文学部主任张跣认为的："网络文学是一种大众文化，也是一种消费文化、娱乐文化，正因如此，它才丰富多彩，充满活力和丰富的可能性。"我们要做的是，发现、利用、开发这种可能性。

（选自《意林·作文素材》2022年第11期）

向热爱致敬，为奥林匹克精神喝彩

□沈妍圻

北京冬奥会赛场上，有关热爱的故事每天都在上演。因为热爱，他们矢志不移、奋勇前行。因为热爱，他们相聚在北京，追逐着心中最热切与真挚的梦想。

唯有热爱，能够抵挡岁月漫长。无论经历四届奥运征程，以31岁"高龄"在家门口终夺金牌的徐梦桃，还是拥有五届冬奥之旅，在赛场上洒下热泪的美国"单板之王"肖恩·怀特，抑或是目前即将迎来50岁生日，被人们亲切地称为"滑冰奶奶"的德国"速滑传奇"佩希施泰因……热爱赋予他们勇气，在无数的困难与漫长时光面前坚定前行的力量，只为心中那份最深情的爱。

唯有热爱，可以跨越温度和距离。时隔20年，特立尼达和多巴哥这个热带岛国重返冬奥赛场，其中的艰难困苦不言而喻。缺乏完善的冰雪设施，就在陆地上做推动练习；没有合适的气候条件，就筹集经费去其他国家训练……最终，成功组建起自己的雪车队，经过76个小时的漫长旅途，站上了北京冬奥会的赛场。此外，另外80余个热带国家和地区的冰雪健儿们也突破重重藩篱，跨越层层山海，怀揣着梦想和热爱来到北京冬奥会的舞台，他们向世界证明无雪之国也有冰雪梦想，而北京冬奥会也因他们的到来而更加美好。

唯有热爱，值得全力以赴。完成阿克塞尔四周跳（4A）是日本"花滑王子"羽生结弦的梦想，出于对花滑纯真的热爱，他不惜以牺牲分数为代价，誓要闯入这一无人之境，攀登新的高峰。他曾说："每一次我的身体都重重摔在冰面上，仿佛是死亡跳跃，我是做着自己指不定哪次就会摔出脑震荡然后死掉的心理准备在训练的。"这位"一生悬命"的冰上舞者，将花滑融入了自己的生命，也在最寒冷的冰场绽放炙热的光芒。北京冬奥会的赛场上还有更多"羽生结弦"的身影，他们热切而纯粹地追逐梦想，突破自我，竭尽全力。

奥林匹克的光辉，从来不只为奖牌闪耀。向每一位抱持热爱、奋勇拼搏的冰雪健儿致敬，向奥林匹克精神致敬！

（选自《意林·作文素材》2022年第7期）

《人民日报》：热搜里的录取通知书，治愈了谁

□党报评论君

高考进入录取阶段，透过网友的镜头，我们看到更多开心的录取瞬间：浙江衢州一名同学在小店帮父母做工时，收到了复旦大学录取通知书，面对镜头，少年微微一笑，"三年的努力总算没有白费"；河南新乡一名女生收到中国人民大学录取通知书，特意跑去和奶奶一起拆开，奶奶笑得合不拢嘴；……社交媒体上，"录取通知书寄到的时刻"登上热搜，留言区长长的祝福和众多的点赞，流淌着满满的温暖与善意。

如果说高考是戏剧里最动人心弦的情节，录取则是最令人欣慰的团圆结局。在这一幕幕"人间喜剧"中，不乏小学4名发小6年后全部考上清华、赵振兴、赵振中、赵振华三兄弟考出高分等差数列这样的传奇经历，让人直呼"别人家的孩子"……让人共情于普通家庭的圆梦时刻，感动于青葱少年的奋斗经历。

自1977年恢复高考以来，有多少人被一纸录取通知书，从田间地头、工厂车间带到了大学校园，走向宽阔的人生道路？从这个意义上说，高考这一选拔机制，一视同仁地为所有人提供了机会。录取通知书不只是一张纸，还像是一扇门，一边连着过往的奋斗，一边通往未来的可能。这一时刻，怎不令人百感交集？

"陪妈妈做保洁的少年，被北大录取！""骑手送外卖路上，接到上海交通大学研究生录取通知书！"类似的新闻刷屏，反映了强烈的社会共识：奋斗成就人生，永远值得喝彩；知识改变命运，永远不会过时。中华民族历来崇尚奋斗，从古至今，那些以艰辛付出成就梦想的人，从来不缺掌声和赞美。每一次全力以赴的拼搏，都会在成长路上留下永久的刻度。在青少年时期，认真准备一场关乎未来的考试并迎来圆梦时刻，就是一个闪闪发亮的刻度，于个人、于社会，都有极大的正向激励价值。

录取时刻，动人的还有最真实的世间百态。来自四川德阳的龚魁由于亲人相继离开，靠着助学金和社会各界救助才完成学业。如今如愿被川北医学院录取的他表示：选择学医正是希望以后能报效社会，感恩帮助过自己的人。湖南长沙的彭兰溪曾因车祸截肢，漫长的求学路是靠双手"走"完的。近日，他等到了湖南科技大学的录取通知书，选择机器人工程专业，正是为了实现研发人造智能假肢的梦想。同样的一纸录取通知书，对他们而言，分量更显厚重。在社会的关怀下，一个个普通人默默蓄积力量，只为发出属于自己的光芒，将善意的循环、爱心的涟漪传递给更多人。

录取，是高中时代的结束，也是崭新生活的开启。对被录取的同学而言，跟着通知书离开熟悉的家乡，进入更宽阔的跑道，面对的挑战将比准备一场考试复杂得多。知识的挑战、视野的局限、观念的变化、状态的调整……无论面对怎样的困难，记住收到录取通知书的那一刻，记住真切的欣喜与感慨，记住向上的初心与志向，永远相信奋斗的价值、拼搏的意义，人生终将开启更多"录取时刻"。

（选自《意林·作文素材》2022年第18期）

高能金时评

亮明IP属地，揭穿各路"戏精"装神弄鬼

□夏 天

2022年4月，不少微博用户发现自己个人主页一级页面以及在评论他人微博时，都会直接显示IP属地。这一变化看似细微，却有着很强的现实针对性。

长期以来，微博以较低的发声门槛吸引了数亿网民聚集于此。但"随时随地发现新鲜事"，也无形中滋生了一个鱼龙混杂、嘈杂异常的网络舆论场，恶意造谣、拉踩引战等乱象屡屡挑战社会公序良俗。一些人之所以肆无忌惮、张口就来，一个重要原因便是前台匿名。

比如，在热点事件中，有人动辄冒充当地人甚至是当事人现身说法、添油加醋，引得不少"吃瓜群众"信以为真。而直观显示IP属地功能，有利于戳穿各路装神弄鬼的"戏精"。目前，一批"假装在国外"的营销号就露了馅，更有人大谈自己在中国某地流落街头，其IP属地却显示为外国地区。

从更大视野看，微博之外，豆瓣、小红书、抖音等社交平台都在推进类似改革。集体动作的背后，是"清朗"专项整治行动的深入开展。2022年5月，中央网信办对18家平台提出统一要求，明确通过建立完善监测识别、实时保护、干预处置、溯源追责、宣传曝光等措施，对网暴等乱象进行全链条治理。

相关平台应声而动，是一个良好开端，但也要看到，此举不可能一劳永逸地解决问题，一些人还可能"魔高一丈"，通过虚拟IP工具等方式予以规避。风险漏洞客观存在，亟待相关平台以务实行动回应社会关切，筑牢守护网络空间的坚固堤坝。

谁都不愿生活在一个乌烟瘴气、暴戾怒睁的垃圾空间。近期的集中治理，针对的是乱象，也是在向所有人重申：表达有边界，言行有底线，如果假自由之名、借键盘之利胡作非为，不仅道德有亏，还可能涉嫌违法犯罪。网络空间从来不曾独立于现实社会，特别是今天，线上线下的界限在消弭、规则在统一，"两副面孔"根本玩不转。后台实名制也好，前台亮明IP属地也好，都意在提示网友时时心有所畏、言有所止。

网络不是法外之地。习惯在阳光下说话，秉持底线自觉，网络空间的文明指数一定会逐步提升，每个人也都将是受益者。

（选自《意林·作文素材》2022年第13期）

"网红"店，成也流量，败也流量

□沈 彬

你有没有过这样的经历？曾经虔诚地献上几个小时去排队才能成功打卡的"网红"奶茶店、点心铺子，过一段时间再路过，门口已经没有人排队了，甚至再过一段时间，你就会在不经意间读到这样的消息："××店退出本地""××奶茶关掉1000家门店"，感到一种淡淡的惆怅，再回翻一下那时打卡的朋友圈记录，似乎日子并没有远去。

似乎"网红"店的宿命就是，排队、种草、发朋友圈，然后从无人排队开始消亡。似乎在很短的时间里，它就完成了一个生命周期，还来不及成为经典，就已然是"过去完成式"。

"网红"餐饮店是实体的，更是网络的，它的本体生活在赛博空间里，而线下店更像是它本体的镜像。互联网经济的本质是眼球经济。"网红"店的营销本质，是一种线下店铺对线上流量的应用，通过线上种草、社交裂变、精准分发，突破原有的线下店铺覆盖范围，能够吸引更广域的客流，突破传统餐饮行业的坪效等物理限制。但是，核心还是对社交媒体下人心的精准把握：打卡就是时尚，排队就是投身潮流。

早些年，一二线城市的"网红"店铺明晃晃地雇"托"排队，制造气氛，之后升级成邀请生活类App的博主来打卡，之后广谱种草。如今，很多"网红"餐饮店把排队术发挥到极致，不断通过促销、发券把顾客圈到现场，再通过限量销售、饥饿营销的手段，把顾客拦在门外，排起长长的队伍。于是，一场乏味的领券消费，因为排队被赋予重大意义：在一队衣着新潮的红男绿女中，感受大都市的勃勃生机和澎湃动力。壮观的排队场景被不断记录、转发、分享，让一间间店铺成为都市神话的一部分，让许多人在设立考大学、考研究生、找工作的城市目标时，将必须能喝到××奶茶、吃到××火锅作为权重颇大的参数。

法国思想家居伊·德波提出了"景观社会"的概念，"真实世界沦为影像，影像却升格成看似真实的存在"，事实上，现代消费场景已经高度景观化、影像化、仪式化，而"网红"店更像是景观社会的拜物教，美颜、滤镜、晒图、发朋友圈，完成一个个"网红"店的景观构建。

只是，当"网红"餐饮店的经营逻辑在于排队"景观"，在于线上流量的驱策，而消费者的动力源于打卡，源于怕被说成落伍的恐惧，却不怎么在乎食品口味。那么，当"网红"的新鲜感消失，线上流量见顶，而时尚的标签快速折旧，必然导致"网红"复购率的下降。做不成回头客的生意成为众多"网红"店骤兴骤亡的原因所在。

"网红"的标签像一个"诅咒"，成也时尚，败也时尚；成也排队，败也在于排队。当然，餐饮经营业的生命周期注定是快节奏的，"从前慢"的生活一去不返。或许，我们应该有足够强大的内心，以及足够丰富的精神去抵御那种"被落伍"的恐惧，这样的我们就会有足够平和的心态去看待那些"必须赶上的潮流"。

（选自《意林·作文素材》2022年第13期）

"天宫课堂","宇宙级"的知识浪漫带来了什么

□余建斌

"飞天梦永不失重,科学梦张力无限……"当"太空教师"王亚平再度说出这句话,一堂别开生面的太空授课画上了圆满的句号。北京时间2021年12月9日,在距地球400公里的中国空间站上,翟志刚、王亚平、叶光富为广大青少年带来了一堂精彩的太空科普课。这是时隔8年中国航天员再次进行太空授课,也是中国空间站首次担当"最高讲台"。

科学研究特别是基础研究的出发点往往是科学家探究自然奥秘的好奇心。"天宫课堂"恰恰是最能激发人们好奇心的场景之一。

首先,把教学场地搬到空间站,能看到平时难以体会的独特画面,比如微重力环境下细胞学实验、液体表面张力等神奇现象。"我真的不知道在太空,气泡是可以留在水球里面的。"一位观看现场直播的学生啧啧称奇。

其次,空间站本身就是引人入胜的人造宇宙景观。空间站里独特的工作生活场景和物理学现象提醒人们,其后还有一个更大的未知世界。这就是前沿地带的迷人之处,它会激起人们内心深处的探索欲。

一堂约60分钟的太空科普课,背后的科技支撑十分复杂,集中体现了我国多方面的科技进步和创新。400公里高处,宽敞明亮的"天宫课堂"、流畅的天地双向互动……相比神舟十号航天员在天宫一号进行首次太空授课,空间站的课堂展示空间更大,通信保障技术更加成熟,可以进行更充分的天地互动。从抵抗失重环境下肌肉萎缩的小小"企鹅服",到航天员喝上再生水,一个个小细节见证着我国航天科技的日新月异。更不必说,高难度高风险的太空出舱已成为中国航天员"必备技能",他们像搭积木一般搭建起美感十足的T字形中国空间站。放眼全球,像中国这样的太空授课,只有少数几个国家可以做到。

"天宫课堂"不仅是知识的课堂,也是沟通的桥梁。科学技术发展需要广泛的公众理解和积极的社会参与。

航天事业的长远发展,也不例外。有专家指出,载人航天、深空探测等太空探索投入高、门槛高、回报周期长,尤其需要人们的理解和支持,因此建立公众和航天事业之间的桥梁显得格外重要。抓住最佳时机开展公众科普教育,让普通人对中国航天事业产生最直观的认知和参与感,是最有效的手段之一。太空资源极其珍贵,航天员们在执行繁忙的飞行任务期间抽出时间进行太空授课,正是为

了帮助公众了解太空科学的特点，用我国航天事业的最新进展激励奋斗豪情、鼓励梦想远航。最近，在"全球拍天宫"活动中，许多人用手机成功拍摄到了空间站过境视频，为这颗夜空中最亮的"中国星"划过天空而兴奋、骄傲。

科技的不断进步和大众的科学热情总在相互促进。当前，我国越来越多的科技创新直面世界科技前沿，具有长远影响的重大科技项目、科技成果不断增多，也需要更多类似"天宫课堂"这样的科普形式，更好地带动公众参与。以更直观、更生动的方式让公众和前沿科技"相遇"，会进一步激发人们对科学的兴趣，提升自身的科学素养，使蕴藏在亿万人民中间的创新智慧充分释放，使创新发展的科普之翼与科技创新之翼并展共振，助力创新型国家建设。

（选自《意林·作文素材（高考版）》）

"雪糕刺客"VS"雪糕护卫"，你需要怎样的"雪糕自由"

□党报评论君

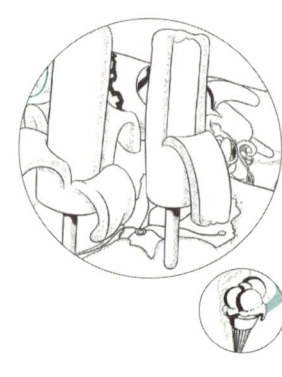

不知你是否有过这样的经历：炎炎夏日，暑热难耐，走进一家便利店，看到冰柜中琳琅满目的雪糕，随手拿起一根，结账时，却发现价格不菲，出于面子只好咬牙买下，还没吃就来了个"透心凉"。不少网友将这样的高价雪糕调侃为刺伤钱包的"雪糕刺客"，与之相对的低价雪糕、平价雪糕则被称为"雪糕护卫"，相关话题近来引发热议。

雪糕涨价不是新现象。高价雪糕通过原料升级、独特口味、别致造型、跨界联名等方式推陈出新，满足更加个性化的消费需求，走出了一条差异化竞争的路子。时下，一些雪糕为何成为"刺客"？一个重要原因是，不少销售者不明码标价，标签内容不完整、货签不对位，消费者很难迅速知晓价格，容易误买。2022年7月正式施行的《明码标价和禁止价格欺诈规定》要求经营者以显著方式明码标价，一定程度上堵住漏洞，避免高价雪糕"浑水摸鱼"。

但消费者的质疑不止于此。2022年7月，某品牌雪糕"在31摄氏度室温下放一个小时不化""用火烧不化"等内容相继登上热搜。公众对此高度关注背后，是对食品安全的担忧。此外，当货柜里十几元、几十元一支的雪糕越来越多，一元钱、几元钱的冰棍难觅身影，自己将失去想买就买的"吃冰自由"。

在一些商家看来，"高价打败低价"是一种市场策略。从制定高价，到精心包装、讲好故事，再到通过评测、直播、短视频等方式在社交媒体传播，不少雪糕成为"网红"。但过度重视营销的推广方式，一方面不断提高成本，挤占市场；另一方面容易重视流量、忽视质量，使品质跟不上价格。

时下国产高价品牌的出现，以及新消费群体的参与，让我们看到雪糕产业提档升级的希望。这不仅对高价品牌如何迈向产业高端提出更高要求，也倒逼平价品牌做出应对，保留属于自己的一席之地。当高价雪糕与平价雪糕各安其位，雪糕产业才能更加壮大。

当人们纠结于"雪糕刺客"与"雪糕护卫"孰是孰非时，容易陷于高价模式还是低价模式的争论。事实上，这并不是非此即彼的选择题。高价未必就是"刺客"，低价未必就是"良心"，关键在于是否让目标群体觉得物有所值。我们也期待，除了几毛一根和几十块一支的雪糕，雪糕市场还有更丰富的产品供人挑选，让更多人畅享清爽一夏。

（选自《意林·作文素材（高考版）》）

别让高校专业"鄙视链"忽悠了学生

□常 菲

据《经济观察报》报道，不少高校存在专业"鄙视链"，计算机、电子科技、金融成为高居鄙视链顶端的专业，而在智能科技兴起并赋能各传统技术行业的背景下，与"技工"相关的职业选择仍持续被边缘化。采矿、污水处理、土建等专业甚至被误解为落后的"夕阳产业"，即便在薪资方面有不小的竞争力，多数大学生仍然无心于此。

高校专业"鄙视链"的形成不仅是无知和误解的结果，更是从众心理的表现。对学生而言，要真正做好职业规划，必须理性认识专业前景，而不是盲目听信专业"鄙视链"。

事实上，很多在大学开设的这些"技工"专业，未来从事的并不是要"下矿井"的苦力活，而是高精尖的技术工作。比如，智能矿山专业就融入了计算机、勘探、测绘等多种前沿技术，从业者多担任程序员和工程师等职位。在智能科技兴起并赋能各传统技术行业的大背景下，采矿行业等直接与新能源汽车、手机芯片等产业挂钩，具有极为广阔的产业发展前景。

专业"鄙视链"不仅存在于工科、理科领域，在人文社科领域，文学、考古、小语种等相对冷门的专业也往往经受着"无用""没钱途"等负面评价。

高校专业"鄙视链"的形成因素有很多，但不外乎职业发展前景、工作报酬、社会地位等，唯独缺少了对学生个体兴趣和特长的考量。这种完全量化的社会职业标准，没有真正关注学生本身的发展。大学的学习过程不仅要储备职业技能，还要拓展思维和视野，完善自我认知。教育不仅是"授计"，更是要"树人"。

此前，湖南女孩钟芳蓉在一片质疑声中选择了北大考古专业。当时，有网友喊话其父母"要干涉她的选择"，不要让孩子"选错道路"。对此，钟芳蓉坚定地回复大家"我从小就喜欢历史和文物"。一个人对专业的选择考量，不只是金钱，投入毕生所爱的职业，同样能获得满满的幸福感。更何况，北大考古文博学院2018年的毕业生就业率为98.57%，职业前景似乎也不是需要太过担心的问题。

现代社会，任何一个产业都有可能站上风口或跌落神坛，我们完全不必以当下的眼光来判断一个专业的"冷门"和"热门"，遵从兴趣爱好，发展精湛的专业技术才是立身之本。而且，在分工日益精细化的当下，我们看到越来越多的新职业出现，比如整理收纳师等。社会的发展需要各行各业的人才支撑，职业本无高低，要尊重每一个专业的存在价值。一味鼓吹专业"鄙视链"，一心求"热"的心态很容易造成人才的浪费。

因此，年轻人不必被所谓的"好与坏""热与冷"等评价束缚手脚，遵从内心，理性认知更重要。唯有如此，每个人才能在社会职业中找到自我位置，社会发展才能在"各美其美"中"美美与共"。

（选自《意林·作文素材（高考版）》）

"巅峰使命"诠释人类传奇

□李国力

2022年5月4日,一项名为"巅峰使命"的科考任务登载于各大网站头版头条,由13名科考登山队员组成的中国科考队伍成功登顶世界屋脊,在海拔8830米处成功架设了世界上海拔最高的自动气象观测站,并在8848.86米的"世界之巅"利用高精度雷达测量封顶冰雪厚度,这在科考历史上具有划时代的意义。

"因为山就在那里"激励了无数攀登者眺望顶峰,超越极限,谱写了人类精神文明的史诗。回望历史,无数中国攀登者勇担时代责任,以气吞万里如虎的蓬勃力量向着人类极限的顶峰发起冲击。从1960年由贡布、王富洲和屈银华三人组成的攀登队伍成就人类史上第一次北坡登顶的伟大壮举,到1975年中国登山队再次从北坡登顶珠峰,成功测量珠峰高度,再到2008年中国登山队首次将百年奥运圣火传递到地球之巅……一批批勇敢的中国攀登者把自己的足迹留在了神秘的珠峰峰顶。如今,五星红旗再次飘扬在地球之巅,向世界诠释了中国攀登者不屈的意志和顽强的精神。

剥开历史的时间轴,巍峨的珠峰见证了中国攀登者的时代热望,也见证了中国日新月异的科技蝶变。"学科覆盖面最广、参加科考队员最多、采用仪器设备最先进",从官方的报道中,三个"最"字掷地有声地展示了此次科考任务背后的科技底气,不论是在海拔8000米以上架设自动气象观测站实现珠峰极高海拔区域气象数据的观测和传输,还是使用3D激光扫描对珠峰冰川的变化展开微观尺度的科学观测,都不难发现科技为"巅峰使命"保驾护航,这背后离不开国家综合实力的强有力支撑,离不开广大科技工作者的不懈奋斗。未来,中国科技将会牢牢扎根于世界屋脊,激励一代代科研人员勇攀高峰,为中国科技事业做出新的贡献。

珠峰是自然的馈赠,是科学世界的璞玉,此次科考的成功对人类文明的发展具有重要意义。从中国维度来看,实现8830米海拔自动气象站的架设将为我国青藏高原生态文明建设打下重要的基础;从国际维度来看,此次登顶还包括污染物监测、冰川变化监测、温室气体通量监测等科考工作,将进一步推动全球气候变化的有效治理。

没有比人更高的山,没有比脚更长的路。新时代的攀登者,既有丈量世界之极的魄力,又有探索未知境地的勇气,这是巅峰使命,也是人类传奇。

(选自《意林·作文素材(高考版)》)

劳动课归来，不只意味着孩子会做番茄炒蛋

□崔 妍

"9月起中小学劳动课要学煮饭，五六年级要学会西红柿炒鸡蛋""三四年级掌握1至2种家禽饲养方法""七到九年级能用螺丝刀等工具对家电进行简单维修"……2022年秋季开学起，劳动课将正式成为中小学的一门独立课程，平均每周不少于一课时。这一举措让不少"70后""80后"直呼"劳动课回来了"。

很长时间以来，大学生入学时不会套被子，中学生家长要给孩子班级请保洁等新闻，折射出孩子们劳动教育、劳动意识的缺失。的确，随着生活水平越来越高，也随着学习压力越来越大，劳动似乎悄然退出了成长的课堂。当此之时，让劳动课回归，可谓充满现实意义。

直观来看，劳动教育能培养人的生存能力，为优质的日常生活提供基础性支持。但撇开具体的劳动技能，新课标劳动课还能为孩子们带来什么呢？

就学科知识而言，劳动过程中接触的花草树木、锅碗针线，都是将理论投入实践、让知识联系现实的最好老师。穿针引线时意识到针尖的锐利，明白这是受力面积越小、压强越大的结果；种花点豆时感到汗水滴落，让"粒粒皆辛苦"的诗句更加难以忘记。当学科知识邂逅劳作场景便会擦出融会贯通的火花，知识储备的"半亩方塘"如镜子打开，创造力灵光闪现、一触即发，"源头活水"往往奔涌而来。

更重要的是，劳动教育培养的是一种根本性的价值和认知。李大钊说："一切乐境，都可由劳动而来；一切苦境，都可由劳动解脱。"托尔斯泰说："人生幸福的必要条件并非怠惰而是勤劳。"孩子们或许不能理解这样的话语，但是通过收纳清扫把房间整理得焕然一新、通过煎炸烹煮把美食端上餐桌、通过栽种培育收获瓜果菜蔬、通过细心揣摩让坏掉的收音机重新发声，他们一定能感受到劳动带来的满足和快乐。一旦领悟了劳动的价值，也就更能形成劳动的习惯。对劳动的热爱、对劳动的尊重，也莫不可从其中来。

换个角度看，劳动对孩子们的个性成长，也有着重要意义。培养健全的人格、强健的精神，也是现代教育的内在要求。吃一碗面条、煮一碗面条、擀一碗面条，给孩子们带来的心理感受肯定不一样，对孩子们成长的意义也肯定不一样。在从擀面到煮面再到吃的过程中，或许还有种麦子、磨面粉的过程中，孩子们能对食物中凝结的人类劳动有更多敬惜，也能更深刻地体会到自理、自立、自主的价值，体会到生而为人的责任感、存在感。劳动可以包括艰辛付出的过程，也可以包括战胜挫折、团结合作、耐心等待、持之以恒的过程。在这些过程中，意志得到磨砺、精神得到锤炼，更独立、更谦逊、更深沉、更坚韧的人格的种子，也就悄然撒播在了孩子们的心田。

（选自《意林·作文素材（高考版）》）

《人民日报》：网络空间容不得掺假和注水

□乙 智

你是否也遇到过类似场景——在电商平台购物时，全是整齐划一的"优质好评"；商品推广链接中，尽是用户"真实体验"的正向反馈；网络直播时，成群结队的"粉丝"涌入直播间……这些看似"人气活跃"的景象，很容易吸引用户注意，获取用户信任。然而，这背后，往往是"网络水军"用"专业术语"烘托高涨氛围，掩盖真实声音。这些虚假数据泡沫大规模注入，导致真实的诉求与声音被淹没，虚假信息、劣质商品充斥平台，真正优质的信息和商品被掩盖，消费者难辨真伪，更易上当受骗，最终形成网络空间中的"劣币驱逐良币"效应。

"网络水军"并不只是影响网络用户的购买决策和信息接收。当大量的定向特制虚假信息出现在网络空间，其破坏的是公平竞争的市场秩序，侵蚀的是网络空间的信任基础，污染的是网络环境的诚信土壤。更值得关注的是，"网络水军"已经潜滋暗长成为一条分工明确的黑灰色产业链，有的在利益驱动下，通过发布违法有害信息"造热点""蹭热点"，意图操控或扰乱网上舆论；有的利用炒作负面信息实施敲诈勒索，侵害群众合法权益；有的非法提供有偿删帖和刷量控评炒作服务，破坏网络空间管理秩序。

近年来，公安机关依托"净网"系列专项行动，持续对"网络水军"相关违法犯罪依法开展侦查打击。如 2022 年"清朗"系列专项行动明确加强对流量造假、黑公关、"网络水军"全过程、全链条的治理。这将有效遏制"网络水军"的滋生蔓延。

然而，整治"网络水军"牵扯面广、利益主体多元，难以一蹴而就，需要久久为功。相关部门既要"以打开路、以打促治"，也要紧密配合，携手加强网络生态综合治理；对平台而言，要压实自身主体责任，按照法律规定，严格审核平台内相关内容，精准高效地铲除虚假流量和违法信息；对商家和用户而言，要擦亮双眼，辨别网络虚假信息，一旦受到侵害，要及时拿起法律武器维护自身的合法权益。

网络空间是亿万民众共同的精神家园，容不得掺假和注水。要以跨平台、全方位、法治化的机制手段，构建线上线下协同共治体系，更高效、更精准地整治"网络水军"及相关黑灰色产业，营造清朗的网络空间。

（选自《意林·作文素材（高考版）》）

近50岁去读研的女性，"活出了自己"

□任冠青

2021年，一段"我快50岁了，今年去读研究生，希望鼓励到大家"的留言让许多网友深受触动，也让留言者谢常红走入了公众视野。当时，她成功考取了长春师范大学全日制硕士研究生，梦想于她不再遥不可及。

在谢常红的人生历程中，不难看到无奈和遗憾的痕迹。1993年，腿部有残疾的她在学校老师的建议下报考了医学院，但她在学校里就对医院工作提不起兴趣，还在实习期就辞职了。此后，谢常红过着普通家庭主妇的生活，一边照顾家庭，一边做着培训班老师的工作。

可贵的是，谢常红对自我的认知并未因这些遗憾而变得模糊，生活热情也没有被琐碎的日常消磨殆尽。她心中仍燃烧着那束炙热的"小火苗"，有着主动走出生活舒适圈的勇气。她的这份选择，无关外在"光环"，也超越了功利性考量，更多是源于对知识的渴望，对校园生活的向往。这份追寻内心热爱的勇气值得被点赞。

近些年，很多鲜活的案例让我们看到，女性在直面内心，主动选择自己理想的生活方式后，生活半径可以拓展得多么宽，人生可以变得多么丰富多彩。

2020年，56岁的苏敏阿姨就选择独自外出远行，走过祖国的山山水水。如今，她不仅走出了曾经的压抑，变得更加开朗，还在社交平台上拥有了200多万粉丝，给予很多同龄人和年轻网友力量。此外，一些阿姨在50多岁学习钢琴、办画展、进入大学校园学习的经历，也让她们走出了枯燥、乏味的重复性生活，展现出独立、快乐、富足的人生面向。

然而，值得注意的是，对女性想要走出柴米油盐的尝试，舆论场上仍然存在一些刻板印象与偏见。

2019年，考研成功的49岁宿管阿姨原梦园就曾提到：决定考研时，很多亲戚朋友都以为自己只是说着玩，儿子还表示不屑。谢常红也表示，一些亲戚并不理解她的选择，还问道："你都快50岁了，读完了，然后呢？"这些有意无意的打击，很多都基于对女性的单一化角色定位，构成了对女性的伤害和桎梏。

人生虽然充满偶然性，但每个人的生活"脚本"应由自己主笔。作为儿女，对母亲的爱应该是鼓励她按照自己的意愿生活，而不是苛求她把精力都放到家庭之上。因为我们希望妈妈不只是妈妈，更是她自己。作为亲友，对女性最大的尊重和关爱，正是支持她去"活出自我"，而不是用各类刻板印象去设限、打击。

原梦园阿姨曾说：自己最初也觉得考研是天方夜谭，"但就算是天方夜谭，我也要谭一谭"。阿姨们不该被"妈妈""妻子"等单调的头衔所束缚，留出空间为自己而活的她们，将拥有更多美好的人生风景，为社会展现女性的更多可能。

（选自《意林·作文素材（高考版）》）

"熊孩子"这件小事为何越闹越大

□梁 勤

有网友发文称，2022年8月22日在电影院看电影时，后排孩童多次踢其座椅。经其制止无果后，孩童父亲突然用力踹自己的座椅靠背，网友立刻报警并做了笔录，回家后出现暂时性昏迷，经医院检查，可能有轻微脑震荡。事件一经曝光便引发热议，很多人指责家长不仅管不住"熊孩子"，还气焰嚣张。

日常生活中，不少人都遇到过公共场合被孩子打扰却劝阻无效的情况，因此，类似事件常常在舆论场中引发诸多共鸣和吐槽。有网友建议高铁设立带孩子车厢、带孩子看电影需在专用包厢、博物馆14岁以下免进……应该意识到，这类带有"排幼"情绪的设想既不切实际，也模糊了争议的焦点，事实上也不利于解决问题。

首先，爱玩爱闹是孩子的天性，未成年人的规则意识需要逐步培养，经历磨合和改变的过程。更何况，任何一个成熟、健康和理性的社会，都绝不可能在法律规定之外，通过将某一群体隔绝在特定环境中的方式建立和维护公共秩序。

其次，"熊孩子"往往是表象，大部分当事人在类似情况中还是展现出了包容的一面，而实际进一步激化矛盾、致使状况走向失控的是"熊孩子"的家长。此前事件中，高铁上孩子家长脱口而出的"我控制不了他"，折射出其不负责任的态度；而电影院里的这一幕，则更说明有些家长不仅管不好孩子，还管不好自己。人们可以不跟顽皮的孩子计较，但家长们不能以此为挡箭牌，逃避应尽的监护义务。

归根结底，孩子在公共场所大声喧哗、随意踢踹等不文明行为，是家庭教育和社会治理的双重责任，要解决问题，不能只盯着"熊孩子"的标签。往小了说，家长的做法会潜移默化地影响和塑造孩子的是非观念；往大了说，这类事件的处理结果，关系到社会中每一个普通人的安全感。那么，当道德秩序无法有效制约孩子及其家长的言行时，法律应该及时发挥作用，树立正确的价值导向，引导和谐向善的社会风气。

此次事件中，踢踹前排座椅的孩子家长最终被刑拘，为自己的行为付出了代价。

（选自《意林·作文素材（高考版）》）

背《滕王阁序》免门票，这样的景区不妨再多些

□黄 帅

据《北京日报》报道，在江西滕王阁景区，完整背诵《滕王阁序》全文免费获门票的活动，吸引越来越多的游客前去挑战。在国庆假期里，上至七十岁的老人，下至三岁的孩子，平均每天都有上百名游客参与其中，场面非常热闹。

无独有偶，之前山东曲阜"三孔"景区也有类似的免票政策。从2013年开始，游客在10分钟内背诵《论语》中任意30个段落，就可免费游览孔府、孔庙、孔林景区一次。2021年，这一政策进一步"升级"：游客可以到孔子博物馆文创体验中心参加"背《论语》免费游三孔"电脑答题活动，只要通过测试，不仅去"三孔"景区可以免票，还能获得荣誉证书。

在我国，历史文化积淀深厚的景区很多，而滕王阁和"三孔"景区的特别之处，在于它们能与经典书籍或文章紧密联系起来。"落霞与孤鹜齐飞，秋水共长天一色""有朋自远方来，不亦乐乎"等千古名句，很多人都已耳熟能详。这既是先贤们留给后人的宝贵精神财富，也给相关景区和所在城市带来了丰厚的旅游资源和文化吸引力。

表面上看，景区对可以背诵经典的游客免票，似乎是"赔本生意"，但这实际上是绝妙的创意。目前推出这种免票政策的景区还比较少，通过媒体报道和舆论传播，免票景区能够得到更多人的关注，形成更好的品牌效应。

其实，全国各大景区基本上都有自己的门票优惠政策，最常见的就是对老年人、残疾人免票，持学生证者半票。有些景区根据自身特色，还会对一些特定职业群体免票，比如曲阜"三孔"景区对持有教师资格证的、身为一线教师的游客，一直都有免票政策。毕竟，孔子是古代最著名的教育家之一，中国又有尊师重道的传统，教师在曲阜拜访"至圣先师"时免票，也在情理之中。

对类似的创意思维，全国其他景区不妨多加参考，结合自身的文化特色与景区实际情况，制定有创意、有趣味的优惠政策。

景区这类优惠和免费政策，实际上也是弘扬传统文化的巧妙方式和重要契机。近年来传统文化热潮的兴起，固然与文化自身的魅力有关，但也离不开各种文化创意活动的推动。背诵经典就是其中很重要的一环，经典名著与千古绝句需要代代相传，尤其需要年轻学子们参与进来，在身体力行中成为优秀传统文化的传播者。

从景区及其所在城市的发展来说，打造旅游名片，需要挖掘自身的文化资源，使用好、传播好自身的文化品牌。背诵经典的游客可以免票游玩，就是一些景区做出的积极探索。这样的探索能够实现景区和游客的双赢：景区构建和维护了自身的文化品牌，游客不仅体验了旅游的快乐，还学习和巩固了传统文化知识，可谓一举两得。

（选自《意林·作文素材》2022年第23期）

从专科到斯坦福
——勇敢的人生拒绝定义

□王石川

2022年9月,一条名为"我是如何从专科到斯坦福的"视频在网上热传。视频中的主人公名叫何世豪,从读医专开始,一路逆袭。专升本后考上首都医科大学攻读硕士学位,这期间,成功申请到斯坦福大学交流访问。

应该说,何世豪的起点确实不高。"班上考试,我的名次基本就是全班的人数。"这说明何世豪一开始的学习成绩并拿不出手。然而,彼时的起点越低,如今取得的成绩越显得鲜亮,更让人感受到天道酬勤,何世豪是不折不扣的励志榜样。

在很多人看来,何世豪的人生"开了挂"。殊不知,风光背后,是玩命般的拼搏。无论是读专科时借着厕所的"长明灯"学到凌晨四五点,还是备战考研时,"凌晨三点多睡都算比较早的,早晨七点再起来学习",都让人感受到何世豪够拼!

有人说:"所谓逆袭,不过是选择走一条更为艰难的路。"这话用在何世豪身上,再准确不过。何世豪选择了一条艰难的路,并奋力走下去,看到了不一样的风景。正如美国诗人罗伯特·弗罗斯特在《未选择的路》一诗中写道:"一片树林里分出两条路,而我选了人迹更少的一条,因此走出了这迥异的旅途。"

支撑何世豪一路走来的,有两大动力。一个是自我激励,他选择的是有方向的人生,锚定了目标便坚定不移地走下去。如果浑浑噩噩,随波逐流,缺少持续的自我肯定,极有可能半途而废。另一个是他人的鼓励,这种鼓励同样重要。

不可否认,一些人、一些学校对专科生抱有偏见,何世豪要实现人生的逆袭,除了加倍努力,"付出了200%的努力,才抓住了来之不易的机会",还需要一些机遇,需要适时"托举"。

据报道,何世豪填写考研志愿时,发现中国大部分高校,尤其是"双一流"名校,招生简章里明确写着不接受第一学历为专科的临床医学学生报名。而首都医科大学愿意接受第一学历为专科的临床医学学生报名。此外,面试时,负责打分的专家教授坚持"英雄不问出处",录取了何世豪,这也很关键。同时,这也是一种提醒,不要轻视,更不要歧视专科学校毕业的学生,有时拉他们一把,他们就能给你惊喜。

何世豪的经历,也给年轻人很多启示和鼓舞。比如有网友说:"有理想,有行动,就可能有大成就。"还有网友说:"每个能看到月升的人,一定背地里驮过无数次日落。"更耐人寻味的是,一些网友分享了自己或身边人的故事,他们也是通过专升本成为杰出青年,通过考研和留学改变人生。

其实,何世豪带给人的启迪不只是拼搏,还包括志存高远,把个人追求与国家需求结合起来。一个佐证是,他立志成为下一代顶尖神经外科专家,在硕士研究生学习期间选择研究烟雾病。他希望在斯坦福取得成就,早日回国为我国的医疗事业贡献一份力量。这也让世人看到了一个年轻人的理想和追求。

"人生万事须自为,跬步江山即寥廓。"不是每个人都能像何世豪那样优秀,但是,无论处于什么样的起点,只要奋力奔跑,终能看到辽阔的世界。

(选自《意林·作文素材(高考版)》)

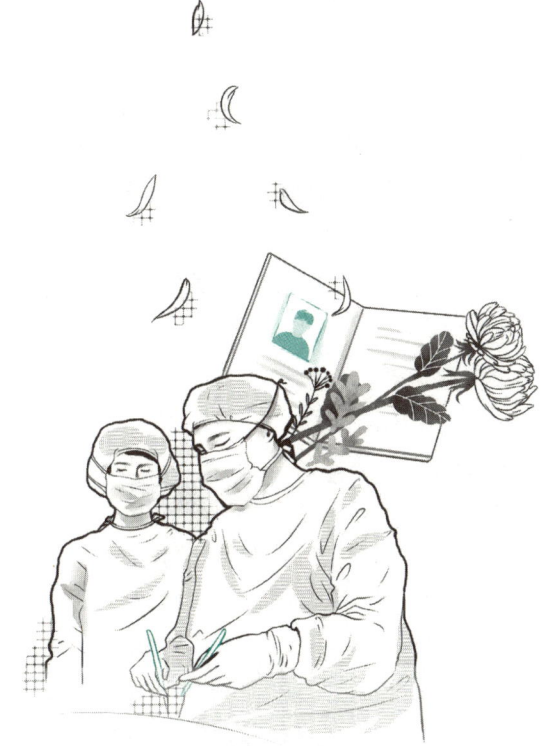

简历刷屏上热搜,南开教授胡金牛"牛"在哪里

□秋 晗

2022年9月,一位不走寻常路的教授在社交媒体刷屏了。他就是来自南开大学物理科学学院的胡金牛教授。胡教授在学院官网的个人介绍里这样写道:"研究生课程原子核结构(经常因为选课人少而停课)、奇异原子核的基本性质(实验比较少,可以随便忽悠)、机器学习在原子核结构中的应用(目前火得一塌糊涂,其实都是为了生存)。"

一份"自带吐槽"的个人介绍,出现在一位教授身上,让人忍不住想笑,又让人感觉到带有几分可爱的"凡尔赛"。这样的"幽默而率性",非但没有消解学术的严肃性,反而以破圈效应,给相关的学术研究带来了更多关注。

胡教授因个人介绍登上热搜后,网友们还发现同在南开大学物理科学学院的另一位教授陈璟,他给自己的主页加了背景音乐,上面写道:"教授应该拿不到诺奖,所以只做自己感兴趣的课题(物理漂亮、数学简单的那种)。"

可爱又不失幽默的教授们,之所以在社交媒体上刷屏,是因为他们颠覆了学术、教授等给公众的刻板印象。人们往往认为,深耕学术的教授们置身象牙塔内,钻研于书本之间,埋头于课题之中,不苟言笑地生活在人间烟火气之外。类似于胡金牛教授这般随性与坦诚的表达,跟其教授身份形成了强烈的"反差萌",也无形中拉近了普通人与学术精英的距离,让网友们乐在其中。

这种"反差萌"透露出一种举重若轻的风度,高水平的专业成就和虚怀若谷的谦逊姿态则是其支撑。从胡金牛教授的简历中,我们可以看到,他在原子核物理国际顶级期刊上发表SCI论文40余篇,这样的专业硬实力显然是经得起考验的。

"自嘲"是一种谦逊的表达。大学之所以能成为大学,不是因为大学里有大楼,而是因为大学里有大师。网友们对胡金牛教授的个人介绍所表达出的赞许和认可,实际上也是对自由、包容的学术氛围,以及接地气的大学教授的期待。

近年来,刷屏的学者不止胡金牛教授一人。从幽默风趣的个人表达,到接地气的授课方式以及师生互动,公众和学生们都期待更多具有亲和力的老师。

当学者们走出实验室,走下三尺讲台,走进公共视野,当"高冷"的学术研究,被胡金牛教授们带上人间烟火气,相关学术知识必然因贴近世俗生活,而更具传播竞争力,也更容易得到人们的认可,进而更好地服务于社会。

(选自《意林·作文素材(高考版)》)

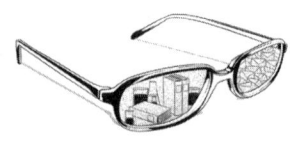

思辨 金观点

SIBIAN JIN GUANDIAN

意林作文素材12周年精选

热点 大V说

越美价格越高？拍证件照不能舍本逐末

新闻回放

在颜值经济大行其道的当下，人们纷纷抢拍"最美证件照"。一些价格相对较贵的证件照套餐受到热捧。2022年，有媒体发现，北京一些照相馆的证件照起步价是169元，人均消费在400~600元。随着数码相机的普及，普通证件照，哪怕加上溢价数倍的排版印刷费，也不过十几二十元。上述证件照价格"高高在上"，主要收费项目是为消费者提供服装道具、化妆、图片精修等服务，其中，美化图片是重中之重。爱美之心，人皆有之，且很多人认为，一张精心打造的证件照是一纸简历最醒目的标签，甚至代表了他们的部分竞争力，这些都无可厚非，问题在于，花上百元乃至数百元"包装"证件照值得吗？

【**写作方向**】追求美；理性消费；包装与真实

@人民网：证件照不是艺术照，第一要务是证明个人身份。精修证件照求"美"大于求"真"，实属舍本逐末，既不必要，也未必有效。换个角度讲，许多"网红"照相馆在打响名声后，证件照业务就变得花样百出，收费标准见风就涨，也是时候加以规范了。所谓行有行规，商家为消费者修图，不应为了追求漂亮而违背真实性原则，更不能利用人们的爱美心理，"套路"消费者。

"浪费教育资源"？52岁退休大叔高校报到

新闻回放

2022年9月13日，52岁的鲁新林来到湖北轻工职业技术学院报到，成为该校历史上年纪最大的新生。鲁新林年轻的时候从襄阳师专汉语言专业毕业，之后参加工作30多年，因为身体一直不好，工作期间又过度透支，住过一次院，医生建议他不要继续工作了，于是他办理了退休。从2021年9月开始复习，在政策下按规定报考，2022年他以总分411分的成绩被录取。他的事迹被报道后，有人称赞他"活到老，学到老"，但也有人质疑他"浪费教育资源，应该把机会留给年轻人"。

【写作方向】 教育资源；终身学习；提高竞争力；丰富精神世界

@**中国教育在线总编辑**：2001年国家取消高考25岁年龄限制，这是社会文明进步的体现；我国高等教育资源非常丰富，很多大专高职院校招不满生是现状，不存在"浪费"；鲁新林"活到老，学到老"，有很好的示范作用。

@**中国教育科学研究院研究员**：国家倡导学习型社会，未来会有更多的高龄考生去大学追求自己的精神世界，人们的观点也会趋于一致：终身学习有益于身体健康。

@**红网**：在不断革新的社会中，保持学习的热情无疑是值得提倡的积极生活态度。当前社会知识更新周期越来越短，社会各界都要增强"知识不足"的紧迫感，保持自身的竞争力，而不是将学习的"重担"放在年轻人身上。古人云："朝闻道，夕死可矣。"唐宋八大家之一的苏洵，少不读书，老来成器，传为千古佳话。为何同样的事情，到了现在，却遭到了质疑？

标点符号，该不该"斤斤计较"

新闻回放

2022年8月17日，有文学刊物发出公告："自今日起，投稿者，请在作品涉及对话处自行使用冒号、双引号，否则作品一律不予采用！"不长的文字还附上例句，可谓苦口婆心。刊物编辑部在接受采访时表示："杂志社这边改稿子改不过来了……不加双引号会让校对很为难，也影响效率。"作者逞一时之快，随便敲入文字，编辑逐字逐句修改，用稿也快不起来，最终双双陷入诡异的"效率悖论"：时间耽误了不少，却做了一番无用功。通知发出后立即在网上引起热议。小小的标点符号，该不该"斤斤计较"？

【写作方向】规范表达；文学素养；把关意识；心存敬意

@《人民日报》：提升表达效率、改进表达精度，标点的作用不容小觑。由此便不难理解，用对标点对彰显汉语之美、弘扬中华文化的意义。如何对待标点符号、怎样避免错字别字，在快节奏的日常表达中或许没那么紧迫。但对站在语言之河上游的作家、把守"水质"关卡的编辑而言，严格、谨慎甚至稍有刻板，在个性张扬、莫衷一是的表达环境中不可或缺，又弥足珍贵。

65岁扫地阿姨当上大学老师，不失为教育探索和创新尝试

新闻回放

2022年3月，一条"65岁的扫地阿姨成为大学老师"的新闻引发网友关注。这位65岁的阿姨名叫刘珍华，原是湘潭九华地地道道的农民，只有小学四年级的文化，十年前来到湖南吉利职业学院负责学校"门面"地段的清扫工作。这十年间，她工作兢兢业业，待

：术业有专攻，实践出真知。高校教授大多科班出身，教学和理论知识丰富，但劳动教育课不同于文化或技能教育课程，理论知识再丰富，也比不过长年累月的实践所得出的经验。刘阿姨的案例告诉我们，只要有一技之长，无论多大年纪，何

人亲和，多次因敬业爱岗受到校方表彰，于2021年11月被校方聘用为该校劳动教育实践课的指导老师。对此，网上有不少质疑声音，觉得校方在聘用程序和录用标准上过于随意。其实，刘珍华的劳动教育实践课就是在农场带领学生种田务农。据悉，学院2014年前开设了20亩地的"开心农场"作为劳动基地，要求所有大一新生参加劳动教育。但全校师生对种田并不擅长，而熟悉农活的刘珍华常常主动到"开心农场"指导大家种菜，将自己几十年的农业生产经验编成顺口溜传授给学生，手把手教他们翻地、栽苗，成功调动了同学们的劳动热情。

【写作方向】知人善用；实践出真知；发挥所长；劳动教育；寓教于乐

等教育水平，都能发光发热。而校方聘任的举措，也是知人善任、能者居之的最好证明。"三百六十行，行行出状元"，从一名扫地阿姨到大学教师，这是一份尊重和褒奖，也是对劳动教育的一种态度和决心，唯有不断探索和创新，才能培育出多方面发展的高素质人才。

高考志愿填报，不能迷信"AI一键生成"

新闻回放

2022年高考结束后，如何填报志愿成了考生和家长高度关注的焦点。据中央广播电视总台中国之声报道，某些直播平台涌现一大批志愿规划师、AI填报志愿卡卖家等。某款AI填报志愿卡售卖商家发布视频称，输入分数，一键就可自动生成志愿表，自动推荐能上的大学和专业，直接给出录取概率。依托大数据和人工智能，颇费思量的志愿填报，似乎也能"一键生成"了。目前市面上的高考志愿规划服务大致分为两种，一种是依托所谓算法、大数据、人工智能的志愿填报软件，售价一般在数百元；另一种是线下一对一咨询，价格在一千元到上万元。对AI填写志愿，考生群体观点不一，有人对填写结果持怀疑态度，也有人表示在模拟填报志愿环节会参考此类工具计算结果。

【写作方向】科技发展；时代变化；听从内心

@《光明日报》：现有的AI指导填志愿服务还处于市场萌发的初期，鱼龙混杂、质量参差不齐，不排除有盲目跟风甚至违法违规者浑水摸鱼。另外，AI算法天然带有"硬伤"。最明显的是，它进行整合、分析、测算等一系列复杂操作的基础数据，是高校过往的录取信息，信息的滞后性难免伴随一定风险。所以，对AI指导填志愿服务，充其量只能参考，不能完全信任，更不能过度依赖。不管时代和社会如何变化，选择我所爱的、爱我所选择的，合理使用现有的条件和工具，稳扎稳打地走下去，你期盼的未来终将到来。

年轻人为何追捧老年版App

新闻回放

没有广告，没有弹窗，界面干净，操作明晰——如今，越来越多的手机App推出了"适老版"。2022年6月光明网报道，这种为老年群体量身打造的App，本是为让老年人操作智能手机更加便捷，却意外地收获了许多年轻人的青睐。他们爱上的显然不是"适老版"App里明显放大了几号的字体，而是一种简约到极致的交互体验。当更多的App热衷于设计更多的入口推送多元的信息，吸引到用户更多的点击浏览量，甚至在各种弹窗广告中诱导用户消费的时候，一个足够简约但又刚好满足用户核心需求的老年版App，就这样自然地走入了年轻人的心中。

【写作方向】体验；繁与简；人性化

@《光明日报》：年轻人爱上了用老年版App，这背后的逻辑是，很多软件看似丰富的功能，实际是繁杂冗余的，且偏离了用户下载软件原本只想得到的主核心功能。年轻用户对"适老版"App的追求，实质上是对"适人版"App的追求。一系列诸如广告泛滥、功能复杂和诱导点击等问题，应该得到更为规范的处理，还用户更为清爽直观的界面，也让人机交互体验更为人性化。

退休教授赵德馨维权：知识必须得到尊重，知网知否

新闻回放

2021年12月，中国知网又被卷上风口浪尖——"我自己下载（自己的文章）还要收费"，年近九旬的中南财经政法大学退休教授赵德馨将论文领域的平台巨头中国知网诉至法院，原因是知网擅自收录其160篇论文，老先生不仅没拿到一分钱稿费，自己下载还要付费。赵教授最终全部胜诉，累计获赔七十余万元。孰料知网败诉后，竟将赵教授的论文全部下架并不再收录他的文章。对此，网友表示这是再一次的学术霸权。12月10日晚，中国知网发布情况说明并道歉，另外有网友发现知网在事后下调了学位论文的下载费用。

【写作方向】知识产权；尊重；维权

@人民日报：影响越大，责任越大，对于知网这样的平台，任何时候都不应滥用影响力，搞成了"店大欺客"，更不应输了官司就意气用事。面对维权和批评，知网应当拿出解决问题的诚意，赢得大家的谅解，虚心接受监督和批评，在知识产权保护社会责任和企业经营发展上，找到合理合法的平衡点，这才是长远发展的正道。任何企业都必须知法懂法守法，知网知否？

大学开设"理解死亡"课程，很有必要还是为时过早

【热点聚焦】

从2017年到2021年，一门名为"理解死亡"的选修课程在南方科技大学的学生之中受到了热捧。每期课程里，主讲老师袁长庚都会围绕生命是什么、善终、衰老与照护、病痛、葬礼等主题，试图通过对死亡的分析讨论，带学生了解人的处境，厘清日常生活的意义和价值观念。还把"设计一场葬礼"作为期末考试的题目。作为在中国高校里鲜见的课程，它就像一粒石子投入平静的湖面，激起了波澜：有人觉得课程十分必要，"我们不应谈'死'色变"；有人觉得这些话题未免太过沉重，"大学是向上攀爬的地方，如果俯瞰深渊，未免让人觉得胆战、不安"。对此，你怎么看？

A方观点

@嬛：我觉得这个"死亡课程"是一次高校死亡课很好的试水。作为一门大学课程，听课的学生都是成年人，我们成长环境中固有的那种"谈死色变"的症结，如果能通过这门课程有所改观，也是很不错的啊！

@我：试问在我们的记忆中，对亲人，哪怕是宠物的死亡，我们得到的解释似乎都是"睡着了""去了远方，很久才能回来"。在这样的环境下，我们根本没法正视死亡，所以开展类似课程就显得十分必要。

B方观点

@你：对大学生来讲，多彩的生活刚刚开始，现在就急于讨论死亡，理解死亡是不是为时过早？

C方观点

21世纪教育研究院院长熊丙奇：从生命教育的核心内容看，死亡教育是要教育学生尊重生命、珍惜生命、热爱生命，更进一步讲，则是对学生权利和责任意识的教育，即自己有什么权利、尊严，要承担怎样的个体、家庭和社会责任，怎样维护自己的权利和尊严，以及不能侵犯他人的权利和尊严等。

@光明网：我们的传统文化重生轻死，对死亡一直持回避、忌讳的态度。受这种文化传统的影响，不管是家庭生活中还是学校系统内，都对死亡讳莫如深。这也就导致了很多未成年人缺乏对死亡的认识和理解，很少能够直面死亡。更有甚者，因对死亡无知而导致在遭遇挫折时以轻生的方式应对，做出草率的选择，酿成悲剧。就此而言，越来越多的高校为学生开设死亡教育相关课程是一件好事。通过课堂让大学生们近距离接触死亡、认识死亡，引导学生正视死亡、敬畏生命，有助于帮助学生认识生命的价值，对引导他们爱护身体和生命，意义重大。

D方观点

@史铁生：死亡是一个必将到来的盛大节日。它终将到来，我们无从躲避。

@村上春树：死并非生的对立面，而是作为生的一部分存在。

李白是刺客？
游戏中的同名历史人物魔改之议

【热点聚焦】

2022年6月21日，新晋"网红"东方甄选主播董宇辉在直播间带货《李白传》一书，他手拿《李白传》，在直播间为观众一本正经地讲解这位大诗人的生平事迹。但此时弹幕中出现了不和谐的一幕，许多观众仿佛对李白有"独到"的理解，在弹幕中不停刷"李白是刺客"。董宇辉看到弹幕后先是有些迷茫，随后他咨询身旁工作人员才知道，在某个大热的手机游戏中，李白被设定成一名刺客，随后他无奈地表示："也许这就是代沟吧。"随后董宇辉讲解道："李白确实喜欢舞剑，但他的剑法以表演性质居多，他的武艺和剑术是否专业，这是有待商榷的。""如果有一天我的孩子长大，一提到李白就说他是个刺客，我觉得我会很难过吧。我觉得历史上这么有意思的一位名人，孩子却只觉得他是个刺客。"有人认为游戏中的"魔改"（常指对一个既有的作品或事物进行大幅度的、违背原作本意的修改）会对孩子们了解历史文化产生不良影响，也有人认为游戏只是游戏，对游戏要求不能太高。那么游戏中的同名历史人物该不该符合历史呢？对此你怎么看？

A方观点

要尊重史实，历史不容"戏说"

@耽于一：我记得几年前《法制日报》的一个采访对象是一个小学三年级的学生，他言之凿凿地说"荆轲是女的"，言语间都快跟记者急眼了。他表示他和同学不会看历史介绍，"因为这对玩好游戏没有帮助"。

@天是红河岸zz：我很怕李白旷古烁今的成就，被一款游戏打得烟消云散。如果不是诗词后面的"全文背诵"，我想一代代之后，估计没有人记得他的身份了。

@浙江大学人文学院教授盘剑："一代人有一代人的美"，可以对历史进行艺术演绎，但我们这代人对历史的演绎不应是打打闹闹，也不能随心所欲，而应有底线和规则，无论怎样重新解读历史，都不能改变历史的面貌，都不能改变历史发展已经做出的结论，都不能改变由历史凝集的民族情感，不能让价值发生倾斜以至于崩坏。说得重一些，随意涂抹和戏说历史，就相当于"抛弃历史文化传

统""割断民族文化血脉",让我们的文化发展"迷失方向和目标"。

B方观点
游戏只是游戏,不必当真

@香菜吃烤肉:李白就是大唐第二剑客,第一剑客是他师父,所以李白是刺客这件事很奇怪吗?难道李白只能有诗仙一个身份吗?

@首席翻谱员:比起乱改人设,更悲哀的是不容许人家改人设的观念。说李白是刺客,谁都知道是调侃,就算是小学生,也知道李白是诗人,没人会把游戏里的设定当真。

@斗西:与其抨击"小朋友认为李白是刺客"的可悲现象,不如思考有什么方法可以改变这种现象。为什么课本上的李白和游戏中的李白,小朋友更能记住的是游戏中的设定呢?也许因为游戏的机制更有吸引力。建议学科专家把我们课本知识做得有趣些,而不是死记硬背知识点。

媒体评论

@光明日报:游戏产业快速增长壮大的同时,网络游戏"是天使还是魔鬼"的争论不绝于耳。过去,网络游戏一度被家长和老师视为"洪水猛兽",如今这样的观念已有很大改变。然而,宽容的态度并不意味着不加监管,任其肆意生长,而是希望孩子通过健康的游戏体验,培养正确的历史观、价值观,达到寓教于乐的效果。

@天目新闻:其实,不只是董宇辉感到难过,热爱文学、了解历史的人都会感到难过。那个"手可摘星辰""我辈岂是蓬蒿人"的洒脱诗仙,怎么就和"刺客"挂上了钩?游戏作为一种文化产品,自带文化影响力,用寓教于乐的方式进行教育,确实比死记硬背、强制灌输的方式强多了。但绝不意味着对历史人物进行二次创作时,可以胡编乱造,甚至颠覆性创作。游戏虽小,意义不小;历史虽重,自轻则侮。正因为游戏的强大功能,也提醒有关从业人员,在创作中必须坚守文艺创作的原则,特别是历史题材,应当对其充满真情和敬意,而不能轻佻或儿戏。只有心怀敬畏,尊重历史,才能设计出好作品。

"'00后'立遗嘱"上热搜,你怎么看

【热点聚焦】

曾经,在很多人的心目中,"死"和遗嘱都是需要避讳的话题,但如今,情况已有所不同。2022年3月21日,中华遗嘱库正式发布《2021中华遗嘱库白皮书》(以下简称"白皮书"),全方位对遗嘱大数据进行解读。经过对已经入库的22万余份遗嘱进行分析,折射出生命价值观之变。从数据上看,遗嘱人不断趋向年轻化。白皮书首次公布了"00后"遗嘱数据,2020—2021年的立遗嘱人群中,"00后"一共有223人,近一年增长了14.42%。与其他年龄段人群不同的是,"00后"的遗嘱中处理财产表现更为丰富,"虚拟财产"的纳入和安排成为一个突出特征:支付宝、微信、QQ、游戏账号等"虚拟财产"是"00后"遗嘱中常见的财产类型。可以预见,未来将有更多人以立遗嘱的方式来解决"虚拟财产"的继承问题。随着数据的披露,"'00后'开始立遗嘱了""怎么看待年轻人立遗嘱"等话题相继登上热搜。中华遗嘱库管委会主任陈凯也表示,立遗嘱的人群越来越年轻化,说明社会观念在不断改变。从谈"遗嘱"色变,到"00后"立遗嘱成为一种现象,立遗嘱不再是老年人的"专利"。不过对提前立遗嘱这事,还是有很多人表示不理解。

A方观点
生死观念的进步

@东方网:众所周知,在前些年,莫说年轻人,就是老年人,对立遗嘱也是相当排斥的,认为立遗嘱有咒人的味道不吉利,或容易引发亲人间产生嫌隙,一般都不立遗嘱或不积极立遗嘱。就拿中华遗嘱库来说,从2013年建立到2020年,仅保存有26.6万人份的遗嘱,年均3万多人,相较我们同期以亿计的老人数量,可谓连个零头都不到。随着社会尤其是人们观念的改变,不少中青年人加入立遗嘱行列,成为一个非常可喜的亮眼增长点,更加体现和凸显的是社会整体能够客观面对生老病死,以及时代观念的进步。

@广西新闻网:忌讳谈死亡,并不会让人远离死亡。考虑生命中的不确定性,是必要的未雨绸缪。近年来,猝死、突发疾病……让年轻人对生命的长短有了新的认识,此外,随着年轻人独立意识、风险意识等增强,他们看到了提前安排身

后之事的必要性。

B方观点
是一种生命教育

@网友苍苍"00后"：我刚过完12岁生日，父母就带我参加了中华遗嘱库每周四举办的公益讲座。通过讲座我了解到，原来遗嘱早就不是老年人的专属了。"我对自己的人生有足够的规划吗？""我能够成为一个为家人、为后代留下可传承、可分享的事物的人吗？"那一刻，我突然意识到，过去的我无非按部就班地学习和生活，一份遗嘱会让我更加珍惜已经拥有的，从而对自己的人生进行更清晰的规划，我不再害怕意外发生，因为我已经做了设想和安排。

@大三学生小陆：从决定订立遗嘱到最终完成登记，这个过程就是对生命价值的一次深度思考，我甚至在想还能不能更努力，留下更多有价值的东西。这也促使我对未来充满渴望。订立遗嘱是一项严肃的法律事务，对年轻人来讲或许更像是对生活的盘点，对未来的谋划，以及对自身责任的思考。我本人遗嘱中作出的决定是基于对未来10年的评估，除了个人银行卡外，网络账号、虚拟资产、知识产权以及我近两年发表的论文和一套冬奥会志愿者服装都在我的清单上。

C方观点
现在立遗嘱为时尚早

网友殷女士"80后"：我本身是学法律专业的，对遗嘱这件事也比较敏感，尤其是《民

法典》出台之后，在后的遗嘱一定会冲掉在前的遗嘱，前面的遗嘱是没有任何效力的，所以我觉得没有必要现在就为以后的事情打算。

@Alex逸："00后"立遗嘱比较随心就是因为什么都没有，如果有财产分割肯定要深思熟虑，有些遗嘱和法律规定可能存在冲突，方方面面都要考虑到没那么容易。

媒体评论

@《人民日报》：年纪轻轻，人生正处于爬坡迈步、加油提速的"黄金时期"，为什么要立遗嘱呢？调查显示，担心突然去世、财产下落不明是重要原因。当人们周转于职场家庭的旋涡，当"内卷"成为各行各业的感受，当劳累生病不再是新鲜事，当养生保健成为年轻人的话题，人们开始提前与衰老死亡这道终极命题相遇。订立遗嘱，与其说是年轻人在考虑如何处置自己的财产，不如说是思考如何让事业和家庭平衡兼顾、让岁月和人生和谐共处。

每年被取消学籍的同学90%因为游戏？你怎么看

【热点聚焦】

2022年9月，在中国计量大学2022级新生开学典礼上，校长徐江荣致辞。在致辞中，徐江荣提到："上了大学就轻松了"是对大学学习的严重误判。基于引导学生过好大学生活的目的，他在演讲末尾向全校同学提出了一条忠告："网络游戏是最大的校园'毒品'，每年被取消学籍的同学90%因为游戏，不值得同情。"这一言论引发了众多热议。

观点对撞

有网友表示校长的劝诫直击痛点，游戏确实是耽误高校学子学业的"罪魁祸首"。

@天蓝色的云：忠言逆耳，有这样的校长是学子的幸运，不少人都在游戏上踩了坑。

@伊人："上大学就轻松了"这句话只是对学子漫漫求学路的一句安慰，并不代表一劳永逸，游戏对刚刚从高压下释放出来的学生们有极强的"诱惑力"，切勿因逞一时之快乐，损害了自己拼搏十二年得来的成果。

@什么什么：很多学生没有找到学习的价值感，为了任务而学，为了上好学校而学。觉得考上大学就万事大吉了，便会沉溺于轻松的游戏中。

也有网友认为不应该将学生取得学位路上的"绊脚石"简单界定为游戏，根本的解决方法还是约束自己，这样才能在未来任何与"游戏"类似的诱惑面前做出正确的选择。

@香香甜甜面包树：玩游戏其实没有什么，我觉得主要还是靠学生自我把控的能力，毕竟出了校园诱惑更多。人生路长，约束好自己，向内归因才是正解。

@星念之间：善于分配时间的学生将游戏作为消遣娱乐、放松身心的机会，这何尝不是一件好事呢？但不会分配时间的学生只会沉迷于此。问题的关键并不是在游戏上，而是在"人"上。

高分经验

GAOFEN JINGYAN

意林作文素材12周年精选

学霸经验

清华学长朱子豪：高三不必"与世隔绝"

□口述/朱子豪 整理/徐 徐

学霸档案

朱子豪

安徽省阜阳市成效中学2021届高中毕业生
现为清华大学学生

学习心态篇

首先，作为一名刚刚翻过"高三"这座"高山"的毕业生，我最清楚有相当一部分人都在一个问题上反复纠结，那就是学习和娱乐的关系。

老师们都说，高三学习就是要拼尽全力。记得曾经在听一些学长、学姐分享考上清华、北大学习经验的时候，其中一位说高三时给自己定下目标，就是一年内断绝一切娱乐活动，包括玩手机、侃大山等。他说，就算不一定能完全做到，但正是保持着这样一个目标并且无限地去靠近它，才有了今天的成绩。当时的我有些懵懂，但打心底无法认同，凭什么说不玩手机就能提高成绩、胡谈乱侃就是堕落的开始？于是我也不知道哪来的自信和勇气，暗下决心，我就是要我这一年不禁手机、保持娱乐，也能考上清华。结果，我做到了。

不要认为上了高三就是要当苦行僧，不玩游戏、不回宿舍睡午觉。没有人限制你的娱乐生活，关键是看你自己能否放得开。学习不要患得患失、斤斤计较，不要认为多学一分钟就能多考一分，时间和分数并不等价；张弛有度、劳逸结合，这才是一个高三学生学了12年磨炼出来的对待学习的气度。我在高三这一年中没有放下手机，没有熬到凌晨才去睡觉，没有疯狂到一中午不休息只为了晕头晕脑地写一张数学卷子。

我放得开，我知道我在学习的时候比任何人都专注，这就够了，这就足以支撑我明知道别人在奋笔疾书时，依然胡侃着天地。该学学，该玩玩。谁都不能定义高三就是与世隔绝，就是一心只读圣贤书。当然，最重要的是你能否把握好度，能否关掉手机后全身心地扑到书本上，以异于常人的认真和高效对待学习、对待高考。所幸，我做到了这一点。我的实力、我的专注、我的自制力都是我成功的保障。最后，高考没有辜负我，我凭借全校第一名的成绩走进了清华，

在这场没有硝烟的战争中赢得了胜利。

所以说,如果你能够处理好学习和玩耍的关系,那就放得开一点,不要被所谓的成功论禁锢了思想,畏手畏脚;也不要被哪个同学勤奋刻苦的例子蒙蔽了双眼,整日自责。有你纠结到底是玩是学、责备自己为什么不能像"别人家的孩子"那样用功的工夫,还不如来玩玩游戏放松一下呢。只要对高考仍心怀敬意,对梦想仍穷追不舍,放得开一点,适时给自己充充电,未尝不是一件好事。

其次,应该强调学习的主观能动性和主人翁意识。要认识到,我的学习是我自己的事情,我自己才最有发言权。

学习方法篇

已经成年或者快要成年的我们,应当有选择地、个性化地完成学习任务,如此才能在提高自己的道路上行稳致远,比如,布置的作业可以不写完,但是我今天要求自己突破的知识点不能过夜;老师推荐的资料我可以不买,但是我认为有价值的题目不能不做。即使这些知识点、这些题目老师并不重视,我也会顶住不交作业被老师责问的压力去完成。只有你清楚自己的学习情况,才知道学什么不用学什么,才知道什么题该做什么题不该做,才知道什么时间学习效率最高。当然,这一切都建立在你对自己的学习情况有着清晰准确认识的基础上。

如果你对自己的基础没有信心,感觉知识结构掌握得还不够扎实,那就踏踏实实跟随老师脚步,先好好练习,打好基础,再在此基础上寻求突破。

拿我们学校来说,到了高三下学期,学校决定给予尖子生"罢考"待遇,即尖子生可以选择是否参加一些日常考试。这样一来,不仅免去了尖子生参加不重要考试而耗费精力,还增加了学习时间、提高弱项。综合来看,在提高学习效率、丰富学习成果方面很有成效。

当然我并不是煽动大家都罢考,我只是想用这件事情告诉大家,你要用你的理智、你的反思、你的勇气、你的自信,去挣脱缰绳,去为你的学习拼一片天空。你要经常反思,经常问自己:这段时间,我究竟学到了什么?我有哪些东西是熟悉掌握的,哪些东西是需要巩固的?这些东西里又有多少是和老师的教学重合的?校方的安排、年级里的考试,对我的作用到底有多大?我是否可以舍弃?诸如此类问题,你要常问自己,看看能不能给自己一个清晰的回答。这样,你才会越来越有主见,你的学习才会越来越主动、越来越有效率。

另外,高效学习和环境分不开。试想,如果你的学习环境是安静而有序的,那么再不自律的人也很难不去努力学习,我就是在这样一个环境中不知不觉地将自己的潜能发挥到了最大。我有幸遇到一位优秀的班主任,并在他努力营造的浓厚学习氛围中,把握住了自己的学习节奏,取得了最终的胜利。如果你周围学习

环境并不是太好,也不用灰心,"心远地自偏",把心态放平和,专注沉浸到自己的学习中,把握好自己的进度,一样能做到高效学习。

最后,我想提醒大家,高三复习最重要的是课本上的知识点和高考题,而且越到后期越重要。不要把模拟题看得太重,从模拟题中找到教材对应的知识点和高考母题才是王道,让自己的知识体系与教材尽量重合,让自己的解题思路与命题人尽量一致,用好答案,用好时间,用好模拟考试给你的全真演练,培养好心态的机会,相信你们一定会不负寒窗苦读十二载。

我的清华生活

在清华大学,学习这个词,已经完全不同于中学时代的一支笔、一张桌、一个人作业多的学习模式了。在这里,学习变得更加自由,更加主动。

1.自由

学习的时间是自由的,无论我今天想早起学习还是想要刷夜,学习时间由我自己决定;学习的地点是自由的,图书馆、自习室、教室、研讨间,还有寝室,总能找到想去的地方;学习的方式是自由的,在清华极其丰富的教育资源的加持下,除了课上认真听讲,还可利用图书馆庞大的藏书量、线上的名师录播、线下的答疑坊与工作坊,甚至往届学长学姐的"遗志",这些都已成为我学习的养分。

2.主动

大学里没有了天天监督我学习的班主任,没有了次次检查我作业的各科老师,有的只有上完课就走的老师,以及不在一间教室学习的同班同学。这种情况下,我必须严格要求自己,自由学习的同时也要更加自律。清华比我优秀的同学还一抓一大把,所以只有积极主动地去学习,才能取得满意的成绩。

3.丰富

我加入了羽毛球社团,参加社工志愿者,认识了更多的人。在大学,可不只有学习,大学还有热血,还有青春。

试着想象一下自己考取了理想院校后的一些场景,或者在闲暇时间直接走进你想考取的大学,去实地感受一下这所学校的学生的日常状态。这样的融入感也会给你的学习增添一份不小的动力。

(选自《意林·作文素材》2022年第13期)

人大学长：从全校300名"后发制人"逆袭成功

□水木真一

学霸档案

本文这位学长是2019届高考生，他毕业于贵州铜仁第一中学，高考语文成绩是125分。现就读于中国人民大学。学长称：他高一在全校仅排名200~300名，后发制人，高二高三稳定于文科10+名次，最后高考超常发挥，全校第4名。这也与他一直不间断的努力和稳定的心态是分不开的。

语文

高三的十次月考，我的语文几乎稳定在120分以上，130分也偶有。

实操：

①夯实基础知识，训练实践能力：对基础要熟练到在阅读时，能随时想起这些知识点。比如小说三要素这一知识点，在小说中是怎么体现的？答题时应该怎么表述？这都是需要思考的。

小技巧：一边读一边做笔记。我建立了自己的一套勾画体系，比如，直线是人物相关的描写，波浪线是场景的描写，折线是影响故事剧情的关键转折……这样做方便我们在做题时定位答案，也可以节省时间。

②尊重认知规律，拒绝死记硬背：死盯着那些字词，不构建联系是无用的。我在记忆字词的时候，一定会抄录例句和翻译。这样在背诵时，可以根据语境来加深记忆。

另外，一些字形特别难的字（如"爨"，指生火做饭），则可以查阅它的构字历史，通过理解来加深记忆。

③合理利用答案，通过答案倒逼表述逻辑：每次老师把要讲解的语文卷子的答案发下来，我第一件事就是把文学性阅读和古诗词鉴赏的答案裁剪下来，和我的作答进行比对。标准答案会提供新颖的角度和精准的话术（例如"体现了物我合一的超然"就比"抒发了自己的洒脱"要好很多）。

同时，要将答案和原文本进行对接，要找出答案在原文里的出处。因此我在整理语文主观题的回答模板时，不光记录答案，还会附相对应的原文。

数学

坦白说，如果数学再发挥出色一点，就能跨进燕园了，实是一件憾事。但我认为自己在数学学习中做得比较好的一点是，我会细细思考自己无法迈出解题下一步的原因。

比如在看答案解析时，有不理解的地方，我会进一步追问——我为什么想不到？是没有抓住不同知识点之间的联系？是阅读条件的能力不足？是思维惯式？好好省思，比机械刷题更有意义。

英语

词汇量够用，阅读时保持清醒的头脑，以全国卷的难度来说，140分不是什么天堑。但我发现大家常常出现的问题在阅读上，特别是一些"猜测最佳标题""这篇文章揭示了什么"……类型的题，会抓取一些文中零碎的细枝末节，设置一些模棱两可的迷惑性选项，让很多人在排除两个选项后，仍在二选一中摇摆不定。

首先，我们要明确一个观点：作者写文章必然是有主观意图的，必然会有倾向和感情基调。比如一篇讲述保护环境的文章，就算它的选项和文章中的信息无比相似，但如果它表述的观点与文章意旨截然不同，那么也要慎重考虑。其次，我们同样应该小心地观察"程度""范围""场所""时间"……这些限定。

荐书：请一定要购买一本高中语法大全。

文综

重视标准答案，答案是精准话术的最佳来源，完美逻辑的最佳模仿对象。

历史：画时间轴！

在高三我依然坚持整理时间轴的习惯。每个专题结束后，总是从本专题的第一个重大事件为起点，在一轮资料+课本+四合一（后文会提及）+通史全过关之间往复穿梭。一条横线，划分出无数个阶段特征、关键节点。

地理：按元素分专题！

我并没有按知识大纲的逻辑来整理地理的模板，如"自然地理""人文地理"，而是聚焦题目中经常出现的考查场域——海洋、天空、城市、森林等空间线索，进而思考在这些场所中，哪些内容会被提及，哪些记忆需要被条件反射性地回忆起来（比如沿海地区可能经受的灾难必然包含台风、海啸等），这让我在考题中畅快游弋。

政治：掌握话术与逻辑！

政治是我最好的科目，高考选择题全对。课本是一切的起点，其对事物的分析逻辑，一定要烂熟于心。比如讲全球化的好处，它从哪些角度切入了？它牵涉到了哪些主体？它对中国和外国的影响是什么？话术则是点缀的亮片，如"提高资源配置效率"就比"把钱花到该花的地方"好很多。

必要工具

活页素材本

我在整理作文活页本时，会遍历作文写作的整个过程，整理标题、开头、结尾、结构等基础环节。但同时我也会留意一些特别之处，如我发现有些词语特别有气魄，给人挥斥方遒之感，如熔铸、淬火、睥睨寰宇、墨子升空、蛟龙潜海……于是我决定开辟专门的词语专栏，并进一步细分优化为谓语动词、名词、形容词。这样既方便我记录，也方便我在复习时整块输入。

整理错题使用工具：圆规；喵喵机；点点胶。

试题分析和考试说明

教育部考试中心出版的官方高考指南，与出题思想零距离，和考试题型同步行。考试说明是针对考试大纲进行的细致讲解，从出题展示的学科素养到要求考生做到的答题层次，清晰地呈现了高考的真我面目。而试题分析，则是对上年试题的官方解析，对试题设置的陷阱、出题背景、渗透的思维等做了很翔实的分析，一定要引起重视！

请接受不确定的折磨，它代表着你有可能踏进任何一扇大门。高考，有什么好紧张的，一切才刚开始呢。

（选自《意林·作文素材》2021年第5期）

铸词炼句，以文采决胜考场作文
——失误作文《假如我是剑》升格示范

□ 江 煜

【原题回放】

假如我是画家，我要精选独特的色彩描画生活；假如我是音乐家，我要挑选最有表现力的音符歌唱生活；假如我是一棵树，我要给大地带来更多的绿色……

请结合自己的生活经历及个人感悟，以"假如我是_____"为题，写一篇文章。

【思路点拨】

这是一道半命题作文。写作的时候，首先要做的是，拟一个恰当的、适合自己表达的题目。题目前面的导语，是我们写作思路的提示。即先进行假设，把自己想象成某一事物。这个事物，就是全文的文眼。文章的全部写作内容，就围绕这个"文眼"展开。接下来，就要结合自己的想象，如果自己成了某一事物，会怎样呢？会如何去做？会有怎样不同的结果？表达中，要善于结合想象之笔，以生动的文笔，写出文采飞扬的篇章来。

【原文呈现】

假如我是剑

□ 商熠峰

有多少锋利的宝剑，曾在勇敢者手中发挥力量，在高大者手中傲气凌霜，在豁达者手中光芒内敛？假若我也是一把剑，我要做一把不平凡的剑……（开头简练，最好点明是怎样的剑。）

秦始皇的剑，经历了很长的历史，开创了全国统一。他腰悬长剑，威风凛凛。（回想历史，充满豪情。只是语言太过平淡，大众化，人物形象不够鲜明。）

项羽的剑，大破秦军，力抗汉兵。他手拿此剑，下定决心，奋力拼搏，成就霸业。虽十面埋伏，四面楚歌，他仍夺汉军大旗，斩汉军大将，横扫汉军士兵,这是他顽强生命力的体现。最终霸王别姬,宝马赠亭长,头颅送故人,乌江自刎。"虽今不逝虞分别,泪洒西风一剑愁。"弹指一挥间,笑归黄泉。宝剑所到之处,天地万物有情有义,留下一个让人们回味的本色英雄。(对项羽的叙述很详细,但对"剑"的描写比较模糊,应用准确凝练的词突出剑的特点。)

祖逖的剑,闻鸡起舞。为了练好武艺、为国效力,他剑不离手。哪怕是在晚上,仍见他在练剑。无论酷暑严冬,从不间断。(此处略写,但语言也不能过于空洞,要把祖逖的剑的特点彰显出来。)

最让我留恋的是李白的剑。"古来圣贤皆寂寞""挥剑四顾心茫然"。他做官失利、生不逢时,心中满腔怒火。他虽然有明月、清影相伴,仍按捺不住,只得抽刀断水、借酒浇愁。在酒中,在愁里,他放开了,忘却了,超脱了。"长风破浪会有时,直挂云帆济沧海",又禁不住剑指苍天,抒发心中怅恨。他向往美好的明天,他在诗中书写了另一片世界。他无非是历史长河中的一只沙鸥,却怀揣理想,所有失意都被他挥在剑下,剑随着他一起脱俗了,乘云直上,羽化成仙。成了诗仙、酒仙、逍遥仙。(这是一个详写的段落,语言要细致,更要突出人物的个性特点,并结合人物的个性特点,选用贴切的词语。)

假若我是剑,能否成为一把不朽之剑?我愿意剑贯长虹,拥有壮阔豪迈的气概,包含执着而不懈的追求……(这一段在前面的基础上抒发感情,进行议论,语句间应突出少年的豪壮情怀。)

"少年自有少年狂,藐昆仑,笑吕梁。磨剑数十载,今将试锋芒!"假若我是剑,我将初试锋芒,会所向披靡吗?剑已出鞘,我期待我的剑好运。(最后一段,更进一层,语气上要更肯定点,突出少年自信昂扬的个性特点。)

【升格建议】

这篇文章的主要问题就是语言有些空洞,缺乏文采,同时,词语没有足够的表现力,可以从以下几个方面进行提升。

1.在用词上追求凝练准确。本文有些词语的使用杂糅,且不够准确。比如"在勇敢者手中发挥力量""在高大者手中傲气凌霜"等,词语在前后搭配上不是很合适。一定要注意词语使用的准确性,用上符合人物特点的词语,彰显出个性来,力避人物脸谱化、千人一面,此外要在不同的场景选用恰当的词语进行修饰。

2.在表达上追求相得益彰。本文作者放眼历史,或叙述史实,或抒发情感,叙述、议论和抒情等表达方式综合运用,但在情感的抒发上恣肆洋溢,缺少必要的约束。如第5自然段写"李白的剑",抒情过于泛滥,没有重点。

3.在句式上追求整齐和谐。本文运用句式有自己的匠心,充分发挥想象,把内心的感受表达得很充分。一些排比句式的运用,使表达很有效果。但整体上看,还有提升的空间,例如可以充分发挥排比句的作用,在针对三个人物的剑的描写上,追求语言的整体和谐。当然,在表述上还可以变换句式,使语言的表达更生动,从而使文章更具语言特色。

【升格佳作】

假如我是剑

□商熠峰

有多少锋利的宝剑,曾在勇敢者手中果敢英武?在剽悍者手中傲气凌云?在豁达者手中温情脉脉?有多少把剑,永铸在我们心上?假若我也是一把剑,我愿直插云霄,熠熠生辉，倚天直立，做一把不平凡的剑……（以排比句式引出设想，铿锵有力，内容上更具体，剑的果敢形象非常鲜明。）

秦始皇的剑，合纵连横，饱经沧桑。它杀死刺客荆轲，横扫六国，豪迈地屹立于中原大地，开创了中华大一统的伟业。"秦王扫六合，虎视何雄哉！挥剑决浮云，诸侯尽西来。"他腰悬长剑，威风凛凛。睁眼，则得陇望蜀；凝眸，则九九归一。何等豪迈，何等激昂？他的剑，是虎虎雄风。（先叙后议，长短句交错运用，富于变化，对人物的外貌和神态的描写细腻，人物形象突出。）

项羽的剑，所向披靡，自成一派。他手执此剑，破釜沉舟，拼死一搏，"百二秦关终属楚"。虽遭十面埋伏，四面楚歌，他仍率二十二兵马，夺汉军大旗，斩汉军大将，横扫汉军士兵，这是对生命的顽强捍卫。最终霸王别姬，宝马赠亭长，头颅送故人，乌江自刎。"雏兮不逝虞分别，泪洒西风一剑愁。"剑锋所向，天地万物莫不有情有义。心愿所趋，九泉人间无不爱恨交集。留下一个悲壮的本色英雄。他的剑，是铮铮铁骨。（以叙为主，突出对剑与人的描写，用词凝练。段末抒情，感情更深沉。）

祖逖的剑，闻鸡起舞，月下生辉。为了练好武艺，为国效力，他剑不离手，夜以继日。皎洁的月光下，仍见剑影成花。无论酷暑严冬，从不感疲惫，他奋发图强、勤学苦练，玉汝于成，终成国家栋梁。他的剑，是猎猎豪情。（在叙述后加上了一句议论，点明祖逖的剑的特点，起到点睛的作用。）

李白的剑，斩却清愁，名士风流。他没有杀敌保国，也没有威风八面，他用剑斩掉一腔愁怨。他做官失利，生不逢时。"古来圣贤皆寂寞""挥剑四顾心茫然"。他虽有明月、清影相依，仍按捺不住，只得抽刀断水、借酒浇愁。酒中，愁里，他放开了，忘却了，超脱了。"长风破浪会有时，直挂云帆济沧海。"他的心永远向往着未来，他在诗中获得了另一片世界。他无非是沧海一粟，天地一沙鸥，却怀揣理想。所有失意都成为他剑下的亡灵，剑随着他一起脱俗了，乘云直上，羽化成仙。成了诗仙、酒仙。他的剑，是大度豁达！（理清叙述的思路，过渡自然，条理更清晰。人剑合一，性格鲜明。）

假若我是剑，我要成为一把不朽之剑。我要剑贯长虹，裹挟青春的豪情，带着年少的无畏，永远执着而不懈地追求……我的剑，是青春不败！（将否定句变为肯定句，把"能否"换成"我要"，突出少年的豪情。）

"少年自有少年狂，藐昆仑，笑吕梁。磨剑数十载，今将试锋芒！"假若我是剑，我将披荆斩棘、一试锋芒，所向披靡。剑已出鞘，寒光一敛，谁与我争锋？（将"会所向披靡吗"变为"一定会所向披靡"，突出少年的自信昂扬。）

【升格简评】

作者在原文的基础上进行了恰当的调整。

1. 正文部分每段的表达方式都以叙述为主，然后恰当地运用议论和抒情，起到画龙点睛的作用，使表述更生动有力。如先细致描写"秦始皇的剑"，最后以"他的剑，是虎虎雄风"作结，特点鲜明。

2. 在正文的段落中，先对几个人物的剑进行描写，很巧妙地在每段结尾加上一句"他的剑……"的总结性的语句，构成排比段落，使文章在结构上紧凑鲜明，洋溢着剑气豪情。扣紧题目，突出主旨。

3. 作者把原文结尾的问句"假若我是剑，我将初试锋芒，会所向披靡吗"改为"假若我是剑，我将披荆斩棘、一试锋芒，所向披靡"。这样结尾更加有力。

4. 升格后的文章，注意词语的精练和富于表现力。如写"祖逖的剑"，把"哪怕是在晚上"换成"夜以继日"，语言简明，更富有表现力。

【升格启示】

铸词炼句，5招教你决胜考场作文。

1. 巧用修辞添神韵。 行文过程中，要用心思考，进行合理的联想，让所要表达的内容具体可感，让文章更具神韵。如老舍的经典散文《济南的冬天》："等到快日落的时候，微黄的阳光斜射在山腰上，那点薄雪好像忽然害了羞，微微露出点粉色。就是下小雪吧，济南是受不住大雪的，那些小山太秀气！"比喻、拟人的修辞手法的恰当运用，写出了冬天雪后小山的雅致，和谐统一。修辞用得好，可以变抽象为具体，变枯燥为生机，增强作文语言的形象性和表现力。

2. 巧妙用词来传神。 我们写文章要结合具体的语言环境，选用最切合主题的词语，这样炼出来的字才言有尽而意无穷。如《红楼梦》中有这样一句话："宝玉听说，便猴向凤姐身上立刻要牌。"一个"猴"字，名词用作动词，活脱脱地描写出少年宝玉急着向凤姐要对牌时胡搅蛮缠的动作情态。

3. 巧用诗文添神采。 将一些经典古诗词、警句、熟语等，巧妙地运用到作文中，可以为文章增色不少，结合文章内容，更容易引发读者的关注，激发阅读兴趣。如彭荆风的《驿路梨花处处开》，文章题目出自陆游的诗歌《闻武均州报已复西京》，结尾再次呼应题目："我望着这群充满朝气的哈尼小姑娘和洁白的梨花，不由得想到一句诗：'驿路梨花处处开'。"以引用法结尾，通过比喻的手法，点明了雷锋精神就像梨花处处开放一样到处发扬光大，使全文充满诗情画意。

4. 句式摇曳出神姿。 写作过程中要注意选用合适的句式：整散句结合，长短句搭配，错落有致，摇曳生姿，音韵铿锵，富有节奏感。如冰心在《观舞记》里有这样一段："她用她的长眉、妙目、手指、腰肢，用她髻上的花朵、腰间的褶裙，用她细碎的舞步、繁响的铃声，轻云般慢移，旋风般急转，舞蹈出离合悲欢。"句式长短富于变换，整散结合错落有致，给人以美的享受。

5. 真情哲思传意旨。 言由心发，文自情生。真情实感是好文章的魂魄所在。只有发自内心、抒发真情的语言才具有打动人心的力量。一篇文章里，还要有发人深省，具有警策作用的语言。它使文章更耐人品味，更有生活气息，更具生活哲理，如席慕蓉的《贝壳》一文的结尾是这样的：在千年之后，也许也会有人对我留下的痕迹反复观看，反复把玩，并且会忍不住轻轻地叹息："这是一颗怎样固执又怎样简单的心啊！"结合贝壳，表达自己的人生感悟。

提升语言美感，
让你的作文从头"靓"到脚

□杨美宇

同学们对作文语言的认识往往有两大误区，一是以为形容词用多了，就叫"有文采"。

——让他生动点，他就往句子里塞形容词，造成语言臃肿而不自然。其实，什么都有个度，形容词也要有效运用。二是认为句子一定要主谓宾俱全，加上形容词多，信息多，主次不分、气息不畅的冗长的常式句就比比皆是了。这样的句子也许没有语病，但绝对平庸。那么，什么样的语言是好语言？写作文，我认为语言应该简洁有力，富有节奏感和音乐性。

所以，我在讲作文时，强调语言的干净利落，而干净利落，不是干巴巴，而是要有效地运用多种技巧。

技巧一 长短句错落，整散结合

同学们爱写常式句，比如朱自清先生写"小草偷偷地从土里钻出来，嫩嫩的，绿绿的"，如果学生写就会是"嫩嫩的绿绿的小草偷偷地从土里钻出来"。两相比照，优劣自现。其实，句子结构完全可以打破，一旦长句修饰限定过多，就要把句子拆开，抽出句子主干独立成句，再抽取修饰限定成分，或提前，或置后。句式是可以多样变换的。

例：凛冽的风呼呼地吹过，落单的马儿悲咽地哀鸣着。

修改：风呼呼吹过，凛冽刺骨；马在悲鸣，落了单，哀痛忧伤。

技巧二 准确运用多种手法

对偶、排比，句式整齐，可以使句子内容丰富，有气势；比喻、拟人，能使句子生动形象，有画面感；对比，有强调突出的作用；反问能加强语气……种种手法，要有意识地去运用。

例：太子和宾客们穿着让人毛骨悚然的那一抹白，显得气势格外浩大。风吹起头发和战袍在风中自由飘摇。（选自作文《壮烈与义气》）

修改：太子及宾客着白衣，那一队队人马，阴冷又浩荡。风吹起战袍，仿佛吹起一面面旗帜。

阐释：这是化用易水送别的情节。想法好，但语言欠佳，最后一句是病句。修改后有如下优点：（1）着白衣，"着"，运用文言，增加文学性。（2）长

句拆开,主句独立,修饰限定放后,简洁利落,重点突出。(3)"仿佛旗帜",运用比喻,形象生动,暗合出征,画面感强。

同学们学过那么多古文,背过那么多古诗,学以致用非常重要。"太子和宾客们穿着让人毛骨悚然的那一抹白"语言刻意且不准确。而"太子及宾客着白衣",一个"着"字便立刻提升了文字的文学性。而"太子及宾客"是原文,"及"与"着"照应搭配,风格一致。

技巧三　运用文言

课本上的《桃花源记》《陋室铭》《马说》……都是极其美妙的文字,如果只满足于会默写,那实在太可惜了。经典是用来模仿和学习的,尤其是初学者,仔细研究这些篇章的语言结构,认真模仿,努力靠近,语言品质怎会不提升呢?

例:宴会上歌舞阵阵,却无人留心观赏;桌上玉盘珍馐,却无人有心品味。刘邦在敌营看似孤弱无助却早已做好万全的准备脱身。而项羽则以东道主的傲慢坐看全场,以为一切都在掌握中,念在故人旧情,范增目示多次仍不忍杀死刘邦……(选自作文《性格与命运》)

这是中学生作文中非常常见的文字,作者想要探讨性格与命运的关系,在行文中力求运用对仗、对比的手法,还是比较有想法的。但是,因为技艺生涩,使得这段文字主题没有突出,对仗也不工整,还病句连连。其实略作调整,马上改观。

修改:宴会中歌舞阵阵,却无人留意观赏;餐桌上玉盘珍馐,却无人有心品味。刘邦多谋,在敌营,看似孤弱无助,却早已做好万全之备;项羽傲慢,自以为掌握全局,却念故恋旧,放虎归山。

阐释:(1)桌前加个"餐"字,与"宴会"两字相对,工整。第一个"上"改为"中",第一个"心"改为"意",避免字词重复,此句虽仅变三字,但语感和表达效果都不同了。(2)作文主题是"性格与命运",在行文中一定要主题突出,不能为写事而写事,一定要牢记写事是为主题服务的。故有"刘邦多谋……项羽傲慢"之改动。这种改动,既能构成句式上的对仗,有文采,也能构成句意上的对比,突出主题。(3)长句子常给人拖沓之感,重点不突出,可把它换成若干短句。(4)"万全的准备",平常,改用"万全之备",运用文言,加重文学色彩,底蕴就显厚了。

技巧四　语言合理有度

阐述事理要准确客观,渲染、评说、表达情感,都要有节制,不要多言多

高分经验 | 实用提分技巧

语，忌重复啰唆。

例：世界是一个流动的电影院。布景已经越来越华丽，灯红酒绿纸醉金迷，而人性的丑陋已占据了最多的戏份。（言过其实）

路途上的乞丐，摔倒的老年人都成了人们刻意逃避的对象。舞台上错杂的灯光和人们敏锐的目光交互打量谁的欺骗与阴谋，反射成路人有些自以为是的心知肚明。

但是总有一些人，愿意做一个平凡的清洁工，打扫这幕剧的不可信。天一中学的一名普通老师在学校附近设立了"鸟巢图书馆"，如果拿走一本书就要放回一本，对所有人免费开放。她的初衷也很简单："就想着也来做一个，唤醒公民诚信意识的小尝试。"

她知道人与人之间日益缺乏诚信，也许是太多的事实粉碎了我们的幻想，让我们看清了这个世界。

但是认清，是为了更恰当地去爱。

这世界需要太多人像她一样，用一份微小的诚信，去温暖去点亮这个黑暗的夜晚。

认清这个世界需要勇气，用诚信去爱它亦需太多智慧。

但我们必须坚持，那是爱的信任与包容。（混乱无度）

（选自作文《认清这个世界，然后爱它》）

修改：世界是一个流动的电影院。布景已经越来越华丽，灯红酒绿纸醉金迷，而人性的丑陋占据了太多的戏份。

路途上的乞丐，摔倒的老年人都成了人们刻意逃避的对象。舞台上错杂的灯光和人们敏锐的目光交互打量谁的欺骗与阴谋，反射出路人有些自以为是的心知肚明。

但是总有一些人，愿意做一个平凡的"清洁工"，打扫这幕剧的不可信。

天一中学的一名普通老师在学校附近设立了"鸟巢图书馆"，如果拿走一本书就要放回一本，对所有人免费开放。她的初衷也很简单："就想着也来做一个，唤醒公民诚信意识的小尝试。"

她知道，她努力，这世界需要太多像她一样的人，用一份微小的诚信，温暖寒凉，点亮阴暗。

综上，作文语言经过训练是完全可以改变和提升的。只要你肯用心，肯下功夫。

特级教师教你六招，创新使用材料为议论文加分

□焦文林

仔细观察每年的考场满分作文，所用的材料并不是很新奇，但是通过作者的巧妙安排，文章就有了层次和说服力。可见，常用的素材，也应该以创新的形式、富有表现力的语言呈现，通过加工使常用素材增值，追求更高层次的表现力。

素材加工的常见方法有以下几种：

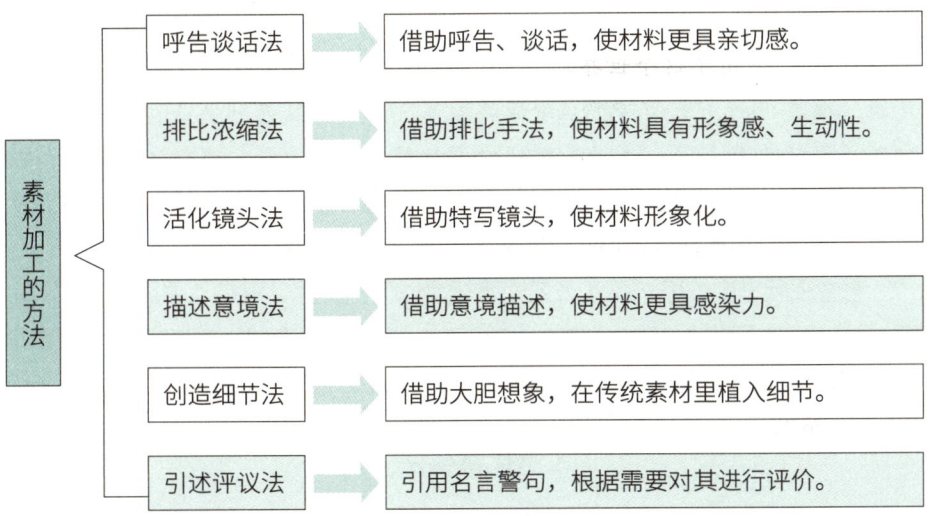

1.呼告谈话法

呼告法，即以呼唤对象名称的方法引入材料，消除第三人称转述的距离感，追求表达的真实亲切；谈话法，即采用谈话、对话的方式引入材料，娓娓而谈，亲切自然，更具情感味、说服力。

例：相信你和我一样，和祖国母亲一同成长，正在享受中国崛起带来的幸福，你当不吝奉献，兼济天下。你知道，黄旭华远离故乡隐姓埋名几十年，潜心研究核潜艇；"海空卫士"王伟守护海疆，用生命谱写爱国主义壮丽凯歌；院士林俊德与死神争分夺秒，整理数万个机密数据……今天的幸福生活从何而来？请相信我：不要做那种"精致的利己主义者"，与祖国相连的人生才能显现真正的价值。（选自作文《愿逐明月，待你前来》）

考生选定第二人称"你"的视角行文，特别是在文中嵌入"相信你和我一

样""你当不吝""请相信我"等称呼对方的短句,就连其间引入的黄旭华、王伟、林俊德三则素材也用"你知道"引出,带来一种心灵相通、情感相融的效果。

2.排比浓缩法

即排比句式与浓缩的系列化的材料结合,将材料的丰富性与语言的整齐美相结合,追求不容置辩的说理效果。

例:我们的时代,是把握机遇的筑梦时代。奥运的火炬在北京鸟巢熊熊燃起,照亮了运动员们朝气蓬勃的脸庞,点燃了泱泱中华的复兴梦想;"天宫一号"首次太空授课,知识在星际间传递,五星红旗在无垠宇宙中闪亮;水乡乌镇举办世界互联网会议,科技与传统的融合,彰显互联网时代的中华风采。驼铃悠悠,丝路横亘亚欧;铁路长长,高铁飞驰支援异邦弟兄;烟波茫茫,海上丝带绵延万里通西洋……中国科技将经验与实践相结合,继承传统,推陈出新,走向世界。命运共同体、和平共处互利共赢,中国在发展自身的同时普惠全球,为世界贡献中国智慧、中国力量。我们这一代沐浴改革春风,看祖国把握机遇,筑起一个又一个瑰丽雄奇的中国梦。(选自作文《把握机遇,直面挑战》)

考生采用排比浓缩法,引入北京奥运会、天宫一号、乌镇互联网会议、"一带一路"等常见素材,浓化形态,点化意义,兼用排比句式、四字短语,材料丰富,论证有力,气势雄壮,节奏鲜明。

3.活化镜头法

经典的历史故事材料、古代诗文材料,可以用提取特写镜头的方式,对其进行情感化、形象化的处理,追求以点带面、以少胜多、以情动人的表达效果。

例:华夏有明珠,巍峨千里绵延去。它屹立于青山翠柏间,将呼啸的风声奏成瞭望台上的吟唱,将岁月的痕迹斑驳成城墙上的纹路。它兀自屹立,又不曾孤独;它绵延千里,贯穿华夏的心脏,跳动着中华儿女的脉搏。长城,你是否记得那年孟姜女泪水烫下的花纹?长城,你是否记得褒姒倾城容颜下的淡然一笑?长城,这屹立的堡垒,没有人能使它停留。垂柳挥别,青山远去,长城谨记它的使命,用身躯筑障抵挡铁骑,绵延千年的和平。(选自作文《华夏有明珠》)

孟姜女哭长城、周幽王烽火戏诸侯,在中国可以说是妇孺皆知的经典材料,完全搬到文章里,没有必要也难以实现。考生采用撷取特定镜头的方法"化长为短",用镜头定格历史,用孟姜女的眼泪、褒姒的笑靥两个融入悲喜情感的特写镜头,感染读者,引发读者无尽的联想,再用"垂柳挥别,青山远去"的动感画面与长城进行对比，表现长城屹立边关、绵延和平的历史功绩——事与情相融，景与理相生，感染力极强。

4.描述意境法

"李杜文章万口传，至今已觉不新鲜"，然而，在引入文章时如果能对古代诗文、故事进行"再创造"，再现其意境，提炼其人文情怀，则能为作文增添一抹色彩。

例：被需要是一种满足。在伯牙欣赏大自然的景色，倾听大海波涛声的时候，他举目远眺，波浪汹涌，浪花激溅，海鸟翻飞，鸣声入耳，山林树木，郁郁葱葱，如同仙境一般时，他有了一种奇妙的感觉，情不自禁地取琴弹奏，但他心中有些孤单，直到遇上了钟子期，他便有了知音，无论伯牙弹奏何种音乐，子期都能领会到伯牙的感情，子期在伯牙寂寞时被需要，从此两人都得到了满足。（选自作文《被需要给我们价值》）

考生创造性地改变了材料的形态，连用七个四字短语描写一幅海滨仙境画，衬托伯牙奇妙而孤独的心境，并以此将人们耳熟能详的"知音"素材，引上了"被需要给我们价值"的"轨道"，在"被需要"中"两人都得到了满足"，这种满足是心灵上的，是灵魂深处的。

5.创造细节法

以传统素材事实为基础，大胆想象，创造出情感化的细节，让传统素材的枝条上长出创新的嫩芽。

例：语言演绎生命。冷月高悬，夜色如水，贝多芬品味着失恋失聪的痛苦，音符跳跃在他指尖，带来不屈于命运的交响曲；一盏油灯，漫漫长夜，司马迁终铸成"史家之绝唱，无韵之离骚"，酷刑虽剥夺了他的尊严，却没削弱他身为大丈夫的骨气；暮鼓锵锵，深山古刹，半生繁华半世僧的弘一法师写下"问余何适，廓尔忘言，华枝春满，天心月圆"，他离开了悲欣交集的尘世，给世人留下无尽猜想；在荒芜的园子里，饱尝病痛的史铁生学会了接受苦难，因为"人类的全部剧目需要它，存在本身需要它"，笑叹"死与你我从不相干"的他终成一代大家，看破生老病死。谱写华章、整理史籍、看破红尘、追寻真理，哪一种不是生命的真谛？而他们，不正通过各自的语言演绎精彩的生命吗？（选自作文《最美不过语言》）

"冷月高悬""一盏油灯""暮鼓锵锵"三个形神兼备的细节，既写景，又衬人，既写夜色的寂静，又显人物的孤独，细节的创造性植入，使这三个"俗"材料，具备形象化、情感化的特点。

"击中"高考作文题金范文

素材"巧遇"中高考
2022年高考浙江卷作文：
人才强国
"巧遇"指数

立足人才强国，共铸千秋伟业

□钱 淦

> 此文为高考作文常考主题"家国情怀"的增分范文

国家发展靠人才，民族振兴靠人才。2019年中央人才工作会议上，习近平总书记鲜明提出"加快建设世界重要人才中心和创新高地"的重要战略目标，并制定了2035年远景目标路线图。强调"坚持发展是第一要务、创新是第一动力、人才是第一资源，确立人才引领发展的战略地位"。当今的中国，正处在"两个一百年"奋斗目标的历史交汇点，各种风险挑战接踵而来，众多发展机遇也应运而生。越是如此，我们越要尊重人才、培养人才。

嫦娥揽月、祝融探火、羲和逐日、北斗指路……中国航天捷报频传，国人振奋、世界惊叹——拥有一支年轻的队伍、一批优秀的人才，是中国航天科技集团中国空间技术研究院不断成功的重要保障之一。正如《格言联璧》中所云："人身之所重者元气，国家之所重者人才。"人才能够在重大困难、风险和阻力面前为我们修筑起铜墙铁壁，在民族复兴伟大征程中为我们保驾护航！

回望百年中国共产党的奋斗史，就是一部造就人才、集聚人才、团结人才、壮大人才的历史。身处新的发展阶段，我们要想在变局中开新局，于挑战中育先机，就必须牢固树立深入推进新时代人才强国战略的坚定信念，努力打造一批批德才兼备的高质量人才，从而在新时代的征程中披荆斩棘、劈波斩浪，铸就民族复兴的千秋伟业。

清华大学校长邱勇曾说："要以自强精神夯实人才成长之基、筑牢民族复兴之本。"行如所言，一批"双一流"高校秉持着"自强不息，厚德载物"的校训，启动强基计划，从全国各地挑选人才精英，集中培养与锻造，为祖国建设源源不断地提供高质量人才资源。从中我们可以看出，培养人才并不是口头上的空话，而要脚踏实地，以自强精神厚植人才之本，以工匠精神雕琢人才之精，努力打造一批批高质量人才，为祖国富强、民族复兴固基！

明扬仄陋，唯才是举。践行新时代人才强国战略，不仅要培养人才，更要注重培养各行各业的多方面人才。乡村振兴需要黄文秀、秦玥飞一样的人才，科教兴国需要黄旭华、毛蔚一样的科学家，同时，在实现由制造大国向制造强国转变的道路上，也需要"绝世刀工"龙小平、技术工人陈亮一样的技能人才。只有做到不拘一格、唯才是举，我们才能真正实现人才强国、战略兴邦，共同浇铸民族复兴、国家富强的康庄大道！

人才强国并不是一蹴而就的，而是需要我们持之以恒、矢志不渝地奋斗；人才培养也不是一部"断代史"，而是一部贯连古今的"通史"，需要我们牢记来时路、走稳脚下路、奋进未来路。只有这样，我们才能切实立足于人才强国的根基，同心共铸辉煌灿烂的复兴伟业！

【夺分点提示】论述充分，层次清晰。文章运用举例论证，事例典型，语言简洁，要言不烦。

"云+"便天下

□张钰卓

此文为高考作文常考主题"科技与希望"的增分范文

在漫天的大雪中，原本灰色的天地焕然一新，以银装素裹的模样呈现在眼前，哪怕当双脚已在雪地上走动，发出"咯吱咯吱"的响声，我还是有些蒙蒙的。

躺在床上，我听着窗外呼啸的寒风，心中想着爷爷奶奶在老家没有人照顾，这么冷的天会不会生出一些大病小疾？家里的大棚是否已经搭好？羊群是否安置妥当？

爸爸看出了我内心的担忧，他立刻拨去了微信视频通话，当爷爷奶奶的脸呈现在手机屏幕上，我悬着的一颗心终于放了下来。

爷爷很高兴地告诉我今年蔬菜的价格相比去年有较大的涨幅，大家现在更加信任就近地区的农牧产品，家中现在已经通上了Wi-Fi，使用微信等网络交流方式更加方便快捷；现金支付比往年少了，取而代之的"蓝绿方块"作用越来越大了。

"爷爷，这些准确的数字和这么多专业的互联网术语你都是怎么知道的呀？"我意外极了。

"当然是在网上学的啦，"爷爷颇有些得意，"现在社会发展快啊！我们虽然老了，但也要学一些新东西，如果连收钱付钱都不会，那不是给你们添麻烦吗？这些数据怎么看，怎么分析，人家老师说得可清楚了，我们也就不用愁了！"

我和爷爷就这样乐呵呵地聊着，愉悦的心情就在无形的网络中互相传递。

回老家的日子很快就到了，今年是我们第一次开车回去。有了车载地图导航，路况时时更新，网络连接之后，只需要输入目标地点的名称，然后跟随指令出发就可以了。轮胎驶过柏油，穿过水流，轧过土石，朝着那天边小小的一点靠近。

回到家已临近睡觉时间，但我想到大棚中的各类蔬菜，急切地想要去看一看，正要出门，奶奶却拦下了我："别慌，在屋里也能看啊。"说罢，便打开了电脑，我定睛一看，监控视频里一丛丛的蔬菜，睡得正香呢。

"有了监控，无论发生任何事，我们都可以在家里看得一清二楚，不用夜里去大棚守着了。"奶奶的话语中充满自豪。

这就是科技的魅力所在，这就是互联网的"云+"技术带来的便捷，也是国家的现代化征程，我们只要在这条路上坚定不移地走下去，就一定能创造未来，创造希望！

【夺分点提示】文章选材鲜活新颖，紧跟社会发展潮流，以小见大。写出了云技术给普通人的生活带来的有利变化。

高考备考"黑马"范文

以诗词，盈精神

□易小月

● 此文为高考作文常考主题"文化阅读"的增分范文

有一句歌词流传甚广：生活不只眼前的苟且，还有诗和远方的田野。生活不仅要求物质的充裕，更要求人们内心的富足。何以充盈干涸的心田？吾曰：诗词。

诗词使人获得精神上的慰藉。正如著名翻译家屠岸所说："一个民族如果没有诗歌的声音，就会缺乏精神上的丰富和优雅。"诗词对一个民族尚有如此功用，何况对个人？要做一个有思想的人，首先应该拥有充盈富足的精神。诗词让屠岸走向了"远方"，成就了他精神上的勃勃生气。我们知道，诗词不只是供人诵读欣赏的，它还能在平淡生活中给予人精神上的慰藉。

诗词使人得以寄托心中的情怀。刘禹锡多次遭贬，最后身居一间陋室之中，他心中有千千万万的结，却无人倾诉。于是他开阔心胸，寄托自己的潇洒情怀于诗词里，写出了"沉舟侧畔千帆过，病树前头万木春"的名句，时隔多年，他那份潇洒淡然的情怀仍在诗词里荡漾着，经久不散。

诗中自有黄金屋，屋中应有诗意在。唯有栖息在诗里，才会诗意地生活。古往今来，诗词一如桥梁，连接着人们的生活与理想。"但愿人长久，千里共婵娟"勾起了多少人回家的心念；"夜阑卧听风吹雨，铁马冰河入梦来"激发了多少人保家卫国的志向……

诗词根植在我们心中，是我们精神中不可或缺的一部分。当下，传统诗词遭受冷遇，被许多人束之高阁，正如古典文学研究专家叶嘉莹所言："守着一座宝山却不自知，甚至会为了贪图享乐做出违法之事，这是现代一些年轻人的悲哀。"让诗词淡出视线，是一种巨大的损失。

"伤心桥下春波绿，曾是惊鸿照影来。"诗词不应该被束之高阁，它应交融在我们的生活中、生命中、灵魂中，成为心智大餐！看，"大儿锄豆溪东，中儿正织鸡笼。最喜小儿亡赖，溪头卧剥莲蓬"。

【夺分点提示】善于引用或者化用诗词，增强了论证力度，结尾处用勾连诗词名句的方式凸显和升华本文主题。

穿越古今，传承文化

□明 海

> 此文为高考作文常考主题"历史传承"的增分范文

2022年6月，甘肃省博物馆研发设计的一款"马踏飞燕"毛绒玩偶文创产品走红网络，推出仅半个月就在线上线下售罄，"一马难求"成为社会热点话题。据统计，"马踏飞燕"毛绒玩偶在甘肃省博物馆官方淘宝旗舰店上架后，迅速冲上人气收藏榜、销量榜两项第一。

"马踏飞燕"，又称铜奔马，为东汉青铜器，甘肃省博物馆镇馆之宝，国宝级文物。这类文物历经千年，凝聚着深厚的文化内涵，经博物馆文创开发，穿越古今，化为毛绒玩偶，不仅带来了经济效益，而且很好地传承了古代文化，一举两得，值得称赞。

文物不应静静地躺在博物馆的保险柜里，文物的价值在于传承。这里的"传承"有两种理解，一种是把文物保护好，完成时间链条上的延续和传递；一种是将文物承载的文化传播给大众，完成文化意义上的弘扬和传承。第一种传承，是博物馆的本职，而后一种"传承"，开拓创新，显然是更高层面的传承，像"马踏飞燕"这样的毛绒玩偶，不仅能让文物"活"起来，广泛地"传"开去，而且通过对"马踏飞燕"的了解，能进一步增强我们的民族自信心。

文物不是尘封的古董，文物应成为唤醒人们历史记忆、激活历史智慧的火种。要想达到这个目标，必须让文物"活"起来，必须让火种"燃"起来，让文物走进人们的视野甚至是生活。人们只有用目光，进而用心灵触摸到文物，心中才能激发起对文物的热爱，进而关注和探索文物背后的历史与文化。全国有很多地方的历史博物馆免费向游客开放，许多人外出旅游把历史博物馆作为必游之地，这足以说明政府部门和人民大众对文物价值的认识普遍提升，这正是文物发挥其"唤醒人们历史记忆的火种、激活历史智慧"功能的重要条件。这是博物馆的重要功能之一，相信此举必定能够激发人们对文物的兴趣，让文物走进人们的心中。

"文是根本，创是生命。"真正让文物走进人们的心中，还需让文物与人们的现实生活紧密相连，大胆去创新。文物是经千年凝聚着文化内涵的载体，是文创产品的基础，文物的走红，引起人们广泛关注，还需文创人员的创新，只有创新，才能使文物本身的魅力得以充分的展现。近年来，文创雪糕、棒棒糖、考古盲盒、敦煌诗巾、国风节目、文徵明手植紫藤种子……丰富多样的文化创意产品一次次"出圈"，诸多珍贵的文化遗产借由这一载体"飞入寻常百姓家"。紧贴当今的生活，又能追溯历史文化的源头，让人们触摸到文物背后的历史和文化，完成更高层面的文化传承，这正是博物馆文创开发的意义所在。

当然，一些博物馆的文创产品过度商业化、娱乐化，或流于媚俗，或因同质化引起审美疲劳。有的文创产品质量堪忧，表面光鲜，但没用几次就会坏。这些都需要我们认真对待，勿让文创产品误入歧途。

托马斯·彼得斯说："距离已经消失，要么创新，要么死亡。"让我们扛起创新的大旗，"马踏飞燕"，穿越古今，传承文化，让《唐宫夜宴》《只此青绿》"活"起来，舞起来。

【夺分点提示】全文紧密扣题，条理明晰，层层深入，首尾呼应，语言流畅有力，充满激情。

唯物常绿，大国永兴

□洪丽艳

此文为高考作文常考主题"环境保护"的增分范文

"天地与我共生，万物与我并存。"早在古代，人们开始对个体生命进行探讨时，也开始了对自然与人之间的关系进行摸索。时至今日，人与自然的这个话题仍然常讲常新。这，也是在2021年领导人气候峰会上，中国作为一个负责任的大国，提出"构建人与自然生命共同体"的原因。

环境问题被放在国际舞台上进行深刻讨论，就显得举足轻重了。这意味着人与自然之间的矛盾总是时刻存在、变化着，并不仅仅用"和谐相处"只言片语去敷衍回答，而是上升到了一种人与人、自然与人之间的道德和伦理关系。

在古代社会，人们并没有意识到自然社会与人类息息相关，甚至通过征服、改造自然的方式发展生产力，"竭泽而渔""刀耕火种""垦荒拓土"，如此之行为，大自然默默承受着。随着社会发展，人们的生态意识才有了进一步提高。

"朝而往，暮而归，而四时之景不同，乐亦无穷也。"这不正是日出而作，日落而息，人与自然融为一体的美好场景吗？当然，这离不开当时人们对自然怀揣的一颗敬畏之心。离开了自然，人类将不堪一击，成为无源之水、无本之木。因为大自然是包括人在内一切生物的摇篮，是人类社会赖以存在和发展的基础。

然而，贪婪是无止境的，有的人更多时候只是一味地索取，与古人说的"苟非吾之所有，虽一毫而莫取"相背离。大自然像一座冰山，潜伏着巨大的危险。雪球滚滚而下，接踵而至，几乎压倒了"无知"而渺小的人类。热带雨林树木的大肆砍伐，工业化气体的排放，全球气候变暖，让许多生物无法安心地待在原本的家园，人们因此才开始担忧自己的生存，正视现状。

时代发展，生态文明重回人们眼中，从"绿水青山就是金山银山"到"绿色中国"，从垃圾分类到"人与自然生命共同体"，自然的灵魂开始注入每个人的心中，践行在每个人的实践中。看！杨进福多年坚守戈壁沙漠，还给它一片广阔的绿洲。我们应像他一样与自然为友，才能走出一片更加具有前景的天地。

"绿色中国"不仅是一种和谐景色，更是一种人与自然的新型关系。"万物各得其和以生，各得其养以成"，作为全球生态文明的建设者、参与者、贡献者、引领者，我们应致力于打造常绿常新的绿色家园，繁荣中国，发展世界。生态文明建设功在当代利在千秋，每个人也应贡献一己之力，维护万物常绿，让大国永兴。

【夺分点提示】观点鲜明，多处引用古代诗文名句进行分析和阐述，说理深刻，阐述细致。

斟一盏醇酒赠华夏

□张雅馨

> 此文为高考作文常考主题"家国情怀"的增分范文

新京报快讯：2020年9月10日，"丹宸永固——紫禁城建成六百年"展在故宫博物院午门正式开幕，而作为清朝皇帝开年所用的金瓯永固杯占据C位，在全国亮相。

"看，这就是清朝的金瓯永固杯！龙耳象鼻，珠光宝翠！"我被一阵赞叹声唤醒——又一次被丝绸呵护，展列于紫禁城，哦不，现在叫故宫博物院的大殿上，熙熙攘攘的人群，是不同于清朝开年大典万民朝拜的景象，有人用晶亮的眸子爱怜地凝视我，口中振振有词道："江山平安，社稷永固！金瓯永固杯应该一共有四只，可惜如今故宫只寻得了这一只金瓯杯，另外三只，两只在法国博物馆，一只在台北故宫，真是遗憾……若是四只一起出现，场面该有多震撼！"

闻言我心头一震，是的，我们四只金瓯永固杯是作为清朝开年庆典之器而诞生的。

嘉庆二年（1797年）元日子时，乾隆皇帝已退位，他伫立在养心殿明窗处，紫檀长案上是我们金瓯永固杯四兄弟，皇帝选中我斟下一盏屠苏酒一饮而尽，亲自点燃玉烛台上的蜡烛，饱蘸笔墨，郑重地书写下"江山社稷平安永固"八个大字，祝愿江山永固，而后他看向我，轻抚我通体錾刻着的缠枝宝相花纹，划过双立夔耳上镶嵌的白玉珍珠，不知疲倦地凝视我杯体上那朵镌刻得精致至极的宝相花，眼中是当时我看不懂的万古情怀。

史载：1860年，紫禁城遭受百年大劫，英法联军火烧圆明园，无数珍宝流入他国，其中包括两只清乾隆金嵌宝金瓯永固杯。一代王朝走向了末路，我的两位兄弟也蒙上灰尘，从此流离在外。江山沦落，社稷不固！

又史载：1948年11月10日晚，国民政府行政院长翁文灏以故宫博物院理事长身份，把故宫大量文物、图书等运往台湾，海军派军舰押运。一只金瓯永固杯卷裹其中！

从记忆中回过神，春秋更迭，曾经朝拜过我的人，大多已经成为时间余晖，有人目睹我从珠光亮丽到蒙上尘埃，也有人见证我金箔剥离到风采再现，不变的是我身为金瓯杯所承载着的寓意，在岁月中一代一代传承。

展览结束，人群散去，工作人员将我细心捧起："而今只有你依然坚守金瓯家族，再忍受一段孤独，如今的中国，必将让你与其他三只金瓯杯团圆！"我看着他眼中的光，似乎明白了那一年夜里乾隆皇帝轻抚我时的神情——那是他对他脚下的土地爱得热忱，对国家繁荣兴盛的殷切希望。

久违的使命感重新降临在我肩上，杯身两侧的夔龙也似在向上奔腾，我见证了衰败与繁华，我亦能连接过去与未来。幸甚，我能够再次为华夏繁盛斟上一壶醇酒；盼望，我能够同其他金瓯杯兄弟团圆，共同守护这片大地，祝愿它永久繁荣昌盛！

【夺分点提示】视角新颖，设计别致，采用新闻史料和正文叙述结合的互文方式，紧扣讲好中国故事和文化自信的主题，小切口，大情怀。

突破自我，永不止步

□赵彦秋

> 此文为高考作文常考主题"自我突破"的增分范文

在数学的王国中遨游时，我们不免会沉思各种函数，仔细观察这些函数图像，会有奇妙的发现：这些看似单调的函数公式中也渗透着生活的真谛和哲学的内涵：正余弦函数的周期性波动，正切函数的阶段性上升，反比例函数的投入和产出不对等……其中给我感受最深的就是指数函数，它蕴含的哲理对我更具启发意义。

指数函数的公式：$y=a^x(a>0且a\neq1)$ $(x\in R)$。公式里常数 a 的取值范围不同时，结果也不同。当 $a>1$ 时，是单调递增函数，结果可以无限增大；当 $0<a<1$ 时，又变成了单调递减函数，结果越来越小。常数 a 的取值以1为界限，超过1之后才能达到递增状态，这个1之前的区域意味着我们人生中的舒适区，常数 a 就相当于我们付出的努力，它启示我们：成功需要突破自我，永不止步。

寻找突破，激发潜能，成功源自永无止境的超越。

艾利克森在《刻意练习》这本书中提到一个黄金法则：刻意练习只有在你跨出舒适区之后才会奏效，不走出舒适区永远无法进步。当今时代，墨守成规、畏首畏尾注定一事无成。鲁迅先生曾说："不满是向上的车轮，能够载着不自满的人类，向人道前进。"人类正是在永不止步的探索中攻坚克难，不断突破的。对个体而言亦如此，正如我们常说的"不逼自己一把，你永远不知道自己有多优秀"。只有主动撕裂生命的茧房，突破认知的黑点，不断拓宽生活的半径，方能感受破茧成蝶的美丽，领略未知的世界，紧跟时代的脚步，成就更广阔的人生。

日积跬步，终臻千里，成功源自持续不断的努力。

1.01的365次方接近37.78，0.99的365次方接近0.026，更明显的对比是1.02的365次方大约为1377.4，0.98的365次方大约为0.0006。"失之毫厘，差之千里。"从这些数据我们看到了点滴的差别，在日积月累的坚持下，结果高下立判，两种选择，两种人生。每天进步多一点，会收到意想不到的效果。每天的努力不够，结果会越来越差，远远落后。所以很多学校以此数据为励志标语，张贴于教室激励学生。"骐骥一跃，不能十步；驽马十驾，功在不舍。"让坚持努力成为一种习惯，自律的人生才更自由。

突破自我，永不止步。18岁体重仅有18公斤的渐冻症患者邢益凡，以645分的优异成绩考入北京航空航天大学，渐冻症冻住的是他的肉体，而无法限制他的心灵；跳水冠军全红婵，一天训练中要在陆上和水上共跳400多次，她的投入和付出成就了奥运赛场上的突破……好习惯不是一蹴而就的。威廉·詹姆斯曾说过："行为必须不间断地重复才能变成习惯。"可能刚开始的努力看不到效果，只要不放弃，坚持下去，度过了适应期，突破了瓶颈，我们终会完成以前看似不能完成的任务。安于现状、浅尝辄止的人一般体会不到成功的滋味。

新时代的我们，理应让青春在突破探索中成长，在坚持奋斗中前行。请相信，我们的努力，终将美好。

【夺分点提示】立意高远，文章主体部分采用多种论证方式，增强了文章的说服力，逻辑严密，脉络清晰。

容错与要求齐飞，青春共成功一色

□ 崔宸奥

> 此文为高考作文常考主题"成长与奋斗"的增分范文

古语有言："人非圣贤，孰能无过。"斯言凿凿，世上没有不犯错的人。于是，便有了"容错"。"容错"化春风，要求作目标，人才方耀空。

容错，是允许在一定范围内出现错误；要求，是要达到的标准。身为普通人，我们需要容错，但更应该提高对自己的要求，展现新时代青年的昂扬之态。

卧龙潜翼，"容错"化春风，助力成长。

仰观泱泱中国之浩瀚长空，俯察绿水青山之绝美画卷，容错于我悠悠华夏文明留下不朽足迹。追古，秦穆公重用败军之将孟明视；卫侯不因小节弃"干城之将"苟变；楚庄王"绝缨"护将得人心。容错，让他们在战场立下赫赫战功……思今，中国女排于赛场失利，中国网民安慰"在巅峰时不盲目吹捧，在低谷时不悲观抱怨"。容错为中国女排的祖国至上、团结协作、顽强拼搏、永不言败的精神注入了时代活力。

皓月当悬，"要求"保证成功，助力成长。

所谓"受光于庭户见一堂，受光于天下照四方"。要想达到照射"四方"的梦想，就必须达到"受光于天下"的要求。《季氏将伐颛臾》中，孔子见到冉有，劈头责骂："求，无乃尔是过与？"没有一个"温良恭俭让"的态度。面对百年未有之大变局，皓月当空，吾辈青年当严格要求自己，达到"受光于天下"的要求。人才耀空，照射四方，中华民族伟大复兴的蓝图已经绘就。

"容错"与"要求"不可或缺，助力成长。

以宽容之胸怀容忍小错，如红日东升，光照广博华夏。以严谨态度深究大错，如凛冬皑皑白雪，日后润泽万丈九州。撷取容错之智，明确要求之严，汇涓涓细流为汪洋大海，必能以奔腾之势照耀千秋史册，指引万代人心！海子曾言："我们要有最朴素的生活与最遥远的梦想，即便明日天寒地冻，路遥马亡。""每一个不曾起舞的日子，都是对生命的辜负。"尼采如是说。身为祖国的希望，民族的未来，吾辈当借"容错"之春风，严于律己，行之以躬，不言而信，终至成功。

大江流日夜，慷慨歌未央。"不辞艰险入国门，奋发图强一片心"。吾辈以振兴中华为己任，不负青春，不负岁月。

【夺分点提示】标题化用诗句，形象生动；选材巧妙，文章安排得当，情理交融，既有较强的感染力，又有个人深刻的思考。

扶

□ 王凤晨

> 此文为高考作文常考主题"故乡情思"的增分范文

每当我想起表叔，眼前都会浮现出他扶起被黄桃压弯的树枝，扶起一户又一户贫困人家……

那年暑假，我与母亲一起来到老家，竟碰见了母亲口中常说的那位"大才子"——我的表叔。母亲时常对我说，表叔小时候爱玩，无奈日子过得苦，他家是整个村里排得上名的贫困人家。但表叔人穷志不穷，凭着自己的努力考上了省内有名的大学。在几年前，被安排到村里负责扶贫工作。

"表叔这么厉害的人怎么会甘心在咱小村子里做事，去大城市不是更有发展前景？"每次母亲说完我总会这样反问她，同样不知为何的母亲也只能报以无奈的笑。

如今我终于见到了表叔，他穿着朴素的衣服，一张脸黑黢黢的，一点村干部的架子也看不出来。我与表叔初见就相谈甚欢，索性就将心中的疑问说了出来。表叔嘿嘿笑了："这个问题等会儿再回答你，先带你去看看咱们村里最近几年的劳动成果！"

逛着逛着，我发现有几十亩地种着许多黄桃树："表叔，这里怎么会有这么多黄桃树？""这里面可是有学问的，如果一片土地只用来种麦子和玉米，收益实在太低，要是再种植一些收益高的经济林木的话，既能充分利用土地，又能增加老百姓的收入。"我默默地点头。表叔继续说着："刚开始真是难死人，村民们兴致勃勃地买来树苗，经历了许多次失败才把小树苗培养成大树。前几年刚刚兴起无人机喷洒农药，村民们都不会用，我可是费了好大劲才把他们教会，还闹了不少笑话呢！"无人机？表叔看我似乎很有兴趣，挠挠头，笑道："我爱玩，小时候没少被爹教训。没想到在大学里学会操控无人机以后，回家乡竟派上用场了！"他的眼眸中闪烁着些许孩童的天真快乐。

"后来黄桃长出来了。"表叔继续说，"但是新问题来了——销路不畅，可把人愁坏了。"我急切地问："后来呢，你们怎么卖出去的？""后来还是你表婶给了我灵感，她会做黄桃罐头，我就想啊，我们可以通过自媒体推广咱们的黄桃，以及咱们自制的黄桃罐头。就在几个月前，我们刚刚和一家罐头公司达成收购协议，这样每一户参与黄桃种植的村民都能多分到钱。"就这样说着走着，忽见一桃树上挂满了硕果，压得枝丫下垂。表叔小心翼翼地扶着那被黄桃压弯了的树枝，找来木架做好支撑。"你不是问我为什么放着城里的好工作不做，非要来乡下吗？现在我可以回答你了，我从小家庭不富裕全靠亲戚接济，我知道村民们的生活过得不好，只能尽绵薄之力帮助他们了……"不等表叔说完，我已经心生敬佩，能有表叔这样的人做村里的带头人，这日子是越来越有指望了，只要大家伙跟着表叔好好奋斗，我们何愁不脱贫，何愁不能奔小康？

我看见灿烂的阳光洒在表叔的身上，他的背影越发显得高大了……

【夺分点提示】层次分明，脉络清晰，运用留白艺术，表达"我"对表叔的钦佩之情。

源

□李炫苇

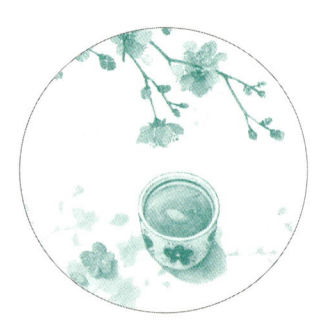

此文为高考作文常考主题"历史传承"的增分范文

溯，是逆流而上的追寻；源，是心灵的人文之根。

为何溯源？

枳花榆叶雁回塘，岭梅香处是吾乡。这是每个华夏儿女血脉中与生俱来的文化基因。随着高楼大厦的无尽堆垒，现代化进程疯狂抽枝，新生的、舶来的文化有如燕雀啁啾，充斥于乡土文化的枝丫间。在改天换地的文明冲突中，田野里走来的人、水泥森林中寓居的人，大多像蒲公英的种子一样，四散飞扬而去——他们渴求新事物，却将往昔看惯的景物抛诸脑后，渐被乱花迷眼，沉醉不知归路。这是"文化故乡"的凋萎，精神源泉的枯涸。恰如余光中先生所写："当你的情人已改名为玛丽，你又怎能送她一首《菩萨蛮》？"我们的心灵游荡已久，是时候驻足、回首，在时间与空间中寻根了。

从何溯源？

当我们在琳琅的快餐短视频中感到乏味无聊时，在娱乐狂欢后感到空虚寂寞时，不妨走进书店，静坐观书，让心沉静片刻。读一读古典诗词，领略"清扬婉兮"的柔肠或是"大江东去"的啸歌，读一读近现代文学，体悟"我以我血荐轩辕"的家国情怀……尾页翻毕，再抬头，必会顿感心灵的安顿。倘徉在传统文化的"庇护所"中，就此唤醒渗于骨血的文化基因！

溯源之后，又该何去何从？

有人在探访，在人文长廊中寻幽览胜。也有人在创造，在时代守护中传承。越来越多的乡村开始自办"村史博物馆"，拙朴的老物件、泛黄的旧照片时时提醒着世代村民：你们的灵魂就根植于此，不论前路多么漫长，别走丢了。倾注心血保护飞天壁画的"敦煌的女儿"樊锦诗，故宫博物院里默默无闻的文物修复者，以及民间众多山歌、传统戏曲的无名传承者……他们合力牵紧了风筝的线，让文化之根不再空中飘零。现代化的潮流中，乡愁的留存并非逆浪而行，而要随着浪花交融起舞。

心若没有栖息的地方，到哪里都是流浪。溯源，让来路更清晰，让去路更长远，让我知道我是谁。凝望人文古道的月光，沿着文脉延亘的地图，文化乡愁也找到了精神的归处。

【夺分点提示】文章结构清晰，从三个角度展开阐释，举例充分，论证有力。

"击中"中考作文题金范文

阅读,让我长大

□顾盛威

> 此文为中考作文常考主题"阅读与思考"的增分范文

还有33天就中考体育考试了。

我愣坐在座位上,不知所措,我的1000米长跑,我的篮球都还没有满分。怎么办啊?随手拿起在学校图书馆借来的书,一篇《轮椅上的霍金》深深地打动了我。在一次发布会上,有人问他:"霍金先生,病魔已将您永远固定在轮椅上,您不认为命运让您失去太多了吗?"霍金缓慢地敲击着键盘,打下了这样一行字:我的手指还能活动,我的大脑还能思维;我有终生追求的理想,有我爱和爱我的亲人和朋友;我还有一颗感恩的心……他的回答引来一片掌声。

年轻时的霍金凭借优异的成绩,考入牛津大学,学习物理。毕业后,他又考入了剑桥大学,获得博士学位。或许是上天妒忌他的才能,让他在21岁时,不幸患上了会使肌肉萎缩的卢伽雷氏症,一个天才,从此永远被禁锢在轮椅上……病魔使他的身体严重变形,头向右侧倾斜,手里握着拟声器的键盘,稍露微笑便会现出"龇牙咧嘴"的样子。可即使这样,他还是用自己的力量攀上了物理学界的高峰,在爱因斯坦的相对论的理论基础上,他不断研究着宇宙的起源与归宿,取得了巨大的成就,并于1978年获得物理学界最高奖项——爱因斯坦奖章。

我合上书,心中久久不能平静。今天是我参加体考前训练的第三十三天,体考临近,久久不见起色的训练成绩让我无奈地低下了头,但我不会放弃,我渴望着成功,渴望凭借和霍金一样的坚强战胜眼前的困难。

于是,我在课桌上刻下他的名字——斯蒂芬·威廉·霍金。这是个神话般的名字,因为它的主人,不仅是当代科学界的奇迹,更是勇气与毅力的结晶。

我深吸一口气,忍着训练带来的疼痛与疲惫,再次来到训练场上,心里装着他的名字与信念,身体内莫名涌起一股力量,伤痛和疲惫也似乎淡去。面对着阳光,我微笑,这一次,我能行!

【夺分点提示】紧密扣题,构思巧妙,演绎了由失败的落寞到重新振作的勇气,由浅入深,充满青春励志的气息。

云读书铸就更好的生活

□崔铭宇

此文为中考作文常考主题"科技与展望"的增分范文

闲云潭影日悠悠，物换星移几度秋。跨过漫漫的历史长河，现如今我们已经步入"云"时代，云读书、云购物、云会议……为我们的生活开辟了新天地。

记得儿时坐在教室里，古朴的木凳上雕刻些许奥妙的纹路，这是大自然赋予它们的独特的美。一坐上去，除了丝丝凉意，还有满满的仪式感。轻轻翻开一本语文书，清雅的墨香扑面而来，"烟笼寒水月笼沙，夜泊秦淮近酒家"，只这一句便让人回味无穷，如佳肴入口刺激着味蕾，又如天籁绕梁三日而不绝。抬头远望，秋叶再次与梧桐树挥手告别，它轻声落地，回到故土，凝望着母亲越来越模糊的面容。

而今重品诗词，是以"云读书"的方式。一个个精妙的小视频为我们讲解诗词作者那不为人知的苦衷，好似辛弃疾的"众里寻他千百度，蓦然回首，那人却在灯火阑珊处"。乍看是一首意蕴深刻的情诗，其实是作者不愿与世俗同流合污的高尚追求。云上读《江城子·密州出猎》，现代的VR眼镜好似把我们带到了那英姿飒爽的猎场：宝刀未老的苏轼左手牵一只威风凛凛的黄狗，右臂托起雄鹰，尖尖的喙，炯炯有神的双目盯着前方，仿佛随时会一飞冲天为主人效力。匹匹骏马向前奔腾，长而顺滑的马鬃随风飘动，向后一看，只有滚滚烟尘遮天蔽日，场面好不壮观！

云端图书不仅囊括中国上下五千年的历史文明所诞生的精华，还包含诸多西方文学著作，例如《简·爱》《罗密欧与朱丽叶》《哈利·波特》……巧妙绝伦的汉语翻译加上随时随地都可以进行的阅读，简直是为这忙碌时代的人们提供了一种无比便捷的读书方式。除了现成的读本，不少经典著作还有依其改编的电影可供观看，如苏联电影《钢铁是怎样炼成的》使我们对当时保尔义无反顾献身革命和顽强不屈永不言败的精神有了切实的体会。

云读书对我们来说极具意义，不仅意味着在我们人生这场文化的旅行中多了一道无比璀璨的风景，也标志着人类文明达到了一个前所未有的新高度。

【夺分点提示】文笔细致入微，刻画事物生动具体，巧用对比。

中考备考"黑马"范文

春天的色彩

□尚荷怡筠

> 此文为中考作文常考主题"自然启示"的增分范文

我总觉得这个春天是灰色的。或许是燕子和迎春睡过了头，或许是东风还没赶到这个僻静的小山城。入春以来，乍暖还寒，风较从前更为凌厉，抽出新芽的，添了绿叶的，不过几棵四季不败的冬青松柏，天空也终日只是灰蒙蒙的。

绕过科学楼一侧的冬青丛，前脚刚踏上跑道，就听到老师"跑"的指令，我下意识奋力挥起双臂，竭尽所能向前狂奔。可不出百米，气力已经耗尽，尽管两臂仍尽力以最大幅度摆动着，但双腿再也跟不上它们的节奏。

强劲的风袭来，推着我，不许我再前进半步，一同测试的同学却一个一个轻松地越过我，向终点进发。人潮很快将我淹没，随即又离我而去，只留下浑身是汗又不知所措的我。我成了一只折翼的飞鸟，刚被群鸟抛弃。

急促的呼吸声中，我听到自己鼓点般的心跳。脚下绯红的跑道扭曲成鼓面，随着我沉重的步伐起伏。

一股风卷着沙尘袭来，我的眼睛里进了沙，不由得闭了眼。再睁眼时，那猩红的鼓面上已然投下一团黑影。我一抬头，正有一只落单的鸟儿闯入我的视野。它孤身在泛绿的树丛中振翅飞起，向着金灿灿的太阳飞去，不畏狂风的阻挡，自信地扶摇直上！

阳光下，它的翎羽熠熠生辉，它的身形飒沓如流星。我在它身上找寻到了我在树丛中遍寻而不得的春意——那种生机盎然，自强不息，勇往直前，矢志不移的力量！脑海里我仿佛化作翩然飞鸟，腾云而起，跑道上的我，铆足了劲儿挥动双臂，风从我脸颊旁呼啸而过，风声却好似琅琅书声般给人以力量，鼓励我迈出下一步，说不上名字的色彩在我眼中飞速变幻，最终却汇成一条七彩的长绢在我眼前展开。我跑一步，再跑一步，终于冲过了终点！我眼前的景物不再是先前的模样，天空不再灰暗，树木不再枯槁。

这个春天分明是彩色的啊！只是，需要我们以自己辛勤的汗水，为之着墨，待之精彩纷呈。

【夺分点提示】运用欲扬先抑的写法，妙引诗文，构思巧妙，主题积极，语言流畅。

一路精彩

□杨韵巧

> 此文为中考作文常考主题"家国情怀"的增分范文

"主人,您下定决心了吗?"仆人站在万户身后,声音发颤地问。

"无妨,点火吧。"万户挥了挥手。

"这可都是火器,您万——……"仆人的手开始发抖,整个人抖得更厉害。

"点火吧……"万户缓缓闭上双眼,他将整个身子稳坐在椅子上,深吸一口气,他的眼前恍然间出现了一条路,一条名为往事的路……

那时,他还不是万户,他叫陶广义。

一声巨响,陶广义被震倒在炼丹炉不远处。他震惊地看见炼丹炉爆炸后坍塌的样子:"这就是火器的力量吧?如果连炼丹炉都能撼动,那么飞天也轻而易举吧。"年轻的陶广义问着自己。他成了一个钻研者,他的火器在战场上屡建奇功,得到了班背大将的重用,他也和班背大将成了密友。因为在历次战事中屡建奇功,朱元璋封其为"万户",从此他被人称为"万户"。后来,班背因为得罪了奸臣李广等人被囚禁。而李广转过头来则对陶广义软硬兼施,想让他造出飞龙背献给当权者。

陶广义眼见好友被抓,心急如焚,只好佯装答应,一边伺机营救班背,一边加快了自己造飞鸟的步伐。飞天的种子已经萌芽,牵引着他向往天空的心。

但就在陶广义准备营救班背时,传来噩耗:消息走漏,班背已经被杀。

那一刻,万千的悲痛在陶广义心中翻涌,他缓缓坐下,两行泪珠从他的腮边滑落。但下一刻,班背的仆人跌跌撞撞地跑来,献上一本书,上面赫然写着三个字"火箭书"。陶广义擦干了泪,他知道,朋友在生死关头这样做意味着什么。他要完成的,不仅是朋友的夙愿,更是中华民族世世代代的飞天梦。

那以后,他不分昼夜地沉浸在钻研中,他不敢有一丝松懈,他知道,朋友的眼睛在注视着他,嫦娥的霓裳萦绕在他的梦中,民族的飞天梦已经成了他手下的飞鸟图。他知道所选的这条路是多么的艰辛,但他丝毫不后悔。他下定决心:如果中华民族一定要登上那九霄云间,那么他就一定是那引火的火焰!

思绪转回眼前,仆人点火了,飞鸟飞起了,伴着滚滚的烟雾。万户坐在飞鸟上,一股巨大的顶托力带他飞离了地面。随后,一声巨响,飞鸟的残骸缓缓落下……

一条线段的两端只是两个渺小的点,但是两点之间,包含无限深邃。正如万户,他所选的这条路虽以失败告终,但是回望他的身后,已经是一路精彩。他已经为中华民族的飞天梦,画上了一道瑰丽的色彩。

【夺分点提示】选材视角新奇,格调积极,立意高远而深刻,细节描写生动传神。

懂 得

□冀智欣

> 此文为中考作文常考主题"生活感悟"的增分范文

> 祖父的一生，窄如手掌，又宽若大地。
> ——题记

祖父是个老实人。他几乎满足了我对农民的全部想象：木讷、本分，大半辈子都待在村里，没去过首都，只是来过几趟西安——为了看我，为了治病。

在我刚记事时，母亲带我回了一次老家。在翻滚的麦浪中，祖父用他沾满泥土的双手接待了我们。母亲说了什么早已忘却，只记得他满是胡楂的脸和那遍布划痕、不断摩挲着我头顶的手，以及那反复的、极具乡音特色的"都长这么大了"。年幼的我却不领情，几次三番挣脱那粗大的手掌。面对这个陌生的、高大的老人，我有的只是不耐烦。正如他不能明白我为何不愿在硬炕上过夜，我也无法懂得为何他对黄色的土地一往情深。

待到上小学，读了路遥所著的《平凡的世界》，才隐约觉得祖父和孙玉厚无比相像，都住在黄土窑洞里，睡在硬炕上，没受过什么教育，却培养出两个大学生。他是经历过苦难岁月的，在贫穷的岁月里，他省吃俭用，依靠几亩薄田，硬是垦出了母亲和舅舅的学费以及大姨的嫁妆。

后来我时常想，祖父和土地的情谊，也许就是在这时候建立的。当一个人极端孤独时，他会把他看到的一切当作倾诉对象。面对长大成人的子女如蒲公英般离他远去，在他一辈子未曾涉足的大城市落地生根，继而开花散叶。他的心中，除了孤寂，又能剩下什么呢？圣地亚哥有无边的大海，祖父有无垠的土地，那起伏的黄土高原就是他的波涛汪洋，手中的犁便是桨，身后一道道整齐的犁沟便是小船航行过的波浪。在年复一年的耕耘中，他保持着心中的信念，他要把眼前的土地，兑换成美好的、珍贵的未来蓝图。在这份来之不易的蓝图中，有母亲考上大学，有舅舅结婚，有平淡但美好的生活……

祖父很老很老了，认不出他的老朋友了，但他仍记得怎么播种、怎么收花椒、怎么晒玉米、怎么立葡萄藤。似乎只要与土地有关，他就记得比谁都清楚。祖父驼了半辈子背，面朝生养他的黄土，这块贫瘠的，但又充满希望的土地。

后来，祖父去世了，安葬在山坳中、黄土下。等我可以回乡悼念，伫立于山头，望着蜿蜒盘旋的山路，我才发觉他无处不在。东边的果园里，有他亲手栽种的桃树；西边的麦田中，有他悉心看护过的小麦；北边的空地上，有他留下的晒谷物的篷布；而在南边，正是他生活过的村庄，每寸土地都有他的足迹。当我抚摸那些生锈的农具，仿佛还能看到它们的主人在夕阳下躬身耕作的身影、听到他念叨收成的低语……

这时，我才真正懂得，他骨子里的乡土深情，一个庄稼人对土地本能的信任与期望。而这些东西，也从未消逝，一直存在于母亲和我的骨血中，并将延续下去。

【夺分点提示】本文立意深刻，对"祖父"的生存价值和意义进行了深层次解读。夹叙夹议，语言凝练简洁，反思深刻睿智，情感深沉厚重。

尽在不言中

□张瑜涵

> 此文为中考作文常考主题"青春与成长"的增分范文

母亲无言,如梅。

院子里,阳台上,甚至连灰头土脸的破墙边,都能寻得梅花高傲清艳的影子,在严寒肃杀的冬季,美不胜收,若是再下点雪,怕是连王勃笔下的落霞也会相形见绌吧?

母亲袒护着梅花,任何不利于梅花生长的事物都由母亲亲自动手清除,仿佛那是她的儿女们。于是,院子里再无其他植物可寻。正因为此,我也爱梅,每逢花开,总要去细赏。母亲怕冷,独自蜷在阳台上,看我"人面梅花相映红"。于是,被时光雕刻的皱纹总会稍稍舒展,安详的脸上,尽是大彻大悟,苦尽甘来的平静。

母亲不容易,一个人要操持全家的衣食住行。小的时候,她们姊妹六个,家庭状况自然好不到哪儿去,而母亲就这样,在破败的老屋里,伴着昏黄的灯光一点点长大。小时候的困苦艰难,让她养成了处变不惊。无论什么人欺侮她,她都不与之争,转身离去。平淡的身影,多少有些智者的美丽。

处变不惊的母亲对梅花情有独钟,一如对她的儿女们。

那天寒风料峭,柔弱的花瓣在凌厉的风中不堪一击,哀婉的红色在惨白的空中更显凄凉,仿佛那是它们未完成的梦,那是它们破碎的灵魂,是它们无力回击的无奈与凄凉,坚强的梅花,你败了吗?

我伤感地站在窗前,也像这梅花般有些凄凉无助。母亲仿佛看透了我的内心,笑而不语,顺手指向一个不起眼的角落。那儿,一束梅花正在风中欢笑。

这束红梅抚平了我内心的忧伤。我疾步走去细细观赏。开在破败瓦砾间的这束梅,很少被人注意。然而,恰是这样,它在这里扎的根便越深,仿佛带着倔强的性子与拼搏的勇气,连花朵也坚韧不屈,连风都奈何不了它。这梅在咆哮的风中尽情舞动,平静淡雅的花朵尽是苦尽甘来的美丽,仿佛它的任务只是开花,外界的风风雨雨与它无任何关联。无人注视也好,缺水也罢,哪怕与它相依为命的只是一堆断壁残垣、灰砖破瓦,它都不在意,它要做的,就是开花。平静如智者,像极了母亲。

一切尽在不言中,却永远盛开在我的心田……

【夺分点提示】描写细腻,耐人寻味。作者把母亲的过往经历、人生态度与梅花的生长处境巧妙地联系在一起,语言流畅,辞藻朴实。

生如蚁，美如神

□刘宇航

> 此文为中考作文常考主题"生活感悟"的增分范文

烈阳高照，俯视楼下，渺小的大家一如凡蚁熙熙攘攘地生活着、奔波着。

正午，我推门而入，避开门口挂着的那件布满黄沙的绒毛大衣，看了看地上那又已落成堆的"小土丘"，心中不住地埋怨着。我想与她理论，但知道一定会得到一句"你不知道我天天卖菜有多累"的答复，无奈中，我拿起扫帚……听着妈妈卧室里如雷的呼噜声，我就知道她这一觉又得睡到傍晚。

晚上，妈妈对我说："这两天找不到人干活，摊位太忙，早起帮我几天忙吧！"我窃喜，因为按暑假期间标准，有诱人的10元"工钱"。

凌晨两点，妈妈准时起床，短短几分钟，就匆匆地出门下楼接拉菜车了。"丁零零，丁零零……"凌晨四点的闹钟响了，我不情不愿地睁开双眼，慢悠悠地套上衣服，冰凉的洗脸水也没能让我清醒。站起身看向窗外，我不禁心头一震，市场里早已车水马龙，人与人摩肩接踵，嘈杂得令人厌烦。我心想：不能再磨蹭了。我只得艰难地打开了家门，飞奔向摊位。

一到摊位，映入眼帘的是正忙着招呼的妈妈和一辆装满蔬菜的挂车。干得热火朝天的妈妈喊我坐在椅子上帮忙算账收钱，她则一个人在挂车上费力而不能停歇地往车边送货，像只工蚁一样忙忙碌碌、汗流浃背、来来回回。有时忙不过来，我就得推着小车，将五十多斤的一大筐蔬菜送上顾客的车。"怎么这么沉啊？"我抱怨道。晨风瑟瑟，我后悔没穿件大衣，只得抱着双手缩颤。低头一看，不禁苦笑一声，我也浑身都是黄土啊。有时遇到十几人一同结账，应接不暇的我顿时手忙脚乱，妈妈却利索地跳下车，从容不迫地解决难题后又匆忙上车。

天地间的第一缕阳光从遥远的东方横跨千万里而来，我像看到希望一样奔回家，回头告别妈妈，而她还要坚守在那儿，工作直到正午。窗外，阳光灿烂，又到正午，劳累了一上午的我再也忍不住铺天盖地袭来的困意，倒头扎入枕头，一觉睡至第二天天明。那天后，我理解了母亲的呼噜声为何那么响，所以常常主动去摊位帮忙。我也终于明白，父母总将劳累在笑容里消融，而将爱和奉献深藏心底。

新的一天，母亲依旧在烈阳下奋斗不息，但我相信如同微芒的她，终将造炬成阳！而人类社会正是在数以亿计的人的奉献中发展的，他们生如蚁，美如神，这越来越美好的世界就是最好的证明！

【夺分点提示】本文切入点小，多处巧妙运用对比，欲扬先抑，刻画出一个平凡而伟大的母亲形象。

送给星辰的悄悄话

□张钧博

> 此文为中考作文常考主题"梦想与希望"的增分范文

亲爱的星子：

你们或许不曾见过我的面孔，或许此刻听到我的耳语还会满怀疑惑。但我想，你们应该在无数个夜晚，都感应到了我的耳语。

嘿，不要到处寻找了！空旷苍凉的宇宙中，即便用"沧海一粟"形容我，都显得过于夸张了。或许你们中有个戴眼镜儿的，使劲儿瞅瞅，能在遥远的地球上的某个小县城里，找到一个狭窄的、窗帘正半掩的、透出温暖的灯光的窗口，窗台边倚着的便是我了——一个曾经无数次对你们耳语的孩子。但又有谁能想到，这个如今能够自信地站在礼堂的讲台上演讲的孩子，曾经是个跟陌生人说话都觉得局促的"社交恐惧症"患者呢？恐怕更让你们想不到的是，你们的存在是促使我转变的原因。

哈哈，收起你们那惊讶的小表情吧，何必不相信你们的影响力呢？

那会儿，我还是个刚入初中的"小毛孩儿"，不要说迅速在班里搞好人际关系了，就连适应新环境，都让我难以招架。又恰好，我的弟弟，一个没有"眼力见儿"的小鬼，就在这时候降临到了我们家。妈妈到奶奶家坐月子，爸爸因为工作驻守在外地回不来，万般无奈之下，我只能一个人做饭吃饭，一个人上下学。只有舅舅不时来看看我。日子过得是"焦头烂额"。

本就性格内敛的我，面对学习落下的压力，社交受阻的挫败，以及孤独的境遇，自然是手足无措。这些无法排解的焦虑像一只小兽，慢慢地蚕食着我的内心。多少个夜晚，我惶恐地关上房门，拉上窗帘，把自己封闭在房间里，似乎这样，就能远离那些痛苦，就能治愈自己受伤的内心。

但事实是，持续积攒的挫败感让这只小兽的爪牙越发锐利，慢慢地，我的心被侵蚀得千疮百孔，似乎处在支离破碎的边缘……

又是一个夜晚，夜幕如染料，默默地染黑了每一个角落。我照例准备拉上窗帘，却在不经意间，抬头看见了你们！

多么美丽啊！点点璀璨装扮了深邃的夜幕，虽然不曾向我眨眼，但你们的眼睛好像正在向我传情达意：有的大而闪烁，如少年的清澈双眸；有的小而微弱，如歌女的朦胧双眸；有的近而明亮，如猛兽的坚毅双眸；有的远而柔和，如母亲的爱意满目。我好像着了魔，小小的房间里似乎进来了满满的朋友，我释放学习的压力，表达交际的不快，我向你们倾诉所有的不愉快，说着只属于我们的悄悄话，而你们，没有俗世的偏见，只是微笑着，静静地聆听。

是啊！在人生困顿时，有什么比得上一个耐心聆听的伙伴呢？你们的聆听，让我感到了来自辽阔远方的温暖。在此后的每个夜晚，我都坐在窗前，把当天的不快，一件件向你们诉说；把当天的欢乐，一点点向你们耳语。终于，当我的悄悄话里满是对开心事的分享时，我第一次自如地站上了讲台，向其他人表达我的喜怒哀乐。现在，我敢于在全校师生面前畅谈古今而毫不露怯，自信大方。这些改变，都因为你们！

感谢你们，在冷清的夜倾听我的悄悄话；感谢你们，让我的生活重新明媚起来；感谢你们，伴我快乐成长。

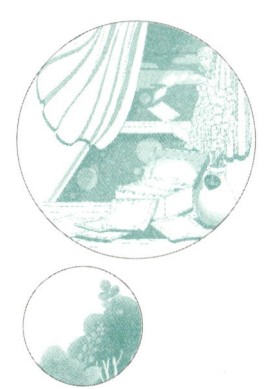

你们的人类朋友：张钧博

2021年9月

【夺分点提示】体裁出新，标题采用了双关的修辞手法，增加了文章内涵。手法多样，采用倒叙、欲扬先抑等多样写作手法，增加可读性。